「自分を責める」を
生きる力に変える
禅思考

罪悪感の手放し方

枡野

日本能率協会マネジメントセンター

はじめに

例えば、やめたいことがあるのにやめられず、自分を責めている。

気にしすぎる性格で、ささいな失敗にもクヨクヨしてしまう。

人を傷つけてしまった。いつも誰かに、謝りたい気持ちがある。

大切な人が苦しんでいるのに、自分は何もできない。無力な自分が許せない。

自分のせいで、誰かを不快にしている。ムカムカさせている。

せっかくの休日なのに、遊んでいると誰かに非難される気がする。

「なんであんなことしたんだろう」「またみんなに迷惑をかけてしまった」。過去を悔やんでばかりで、前を向けない。今を楽しめない……。


こうした感情は、一般的に「罪悪感」と呼ばれます。人のものを盗んだり、人を騙したり、人を傷つけたりといった明らかな「罪」を犯したことがなくても、ちょっとしたことで私たちは罪悪感を覚えずにはいられません。

他人の目には、ささいなことなのかもしれません。しかし当人にとっては、罪悪感はまるで心を縛る鎖のようなもの。本来自由であるはずの心をがんじがらめにとらえて、人生を歩む足取りを重いものにします。

罪悪感自体は珍しいものではないですし、私たちの良心の表れともいえます。もう、あんなことはしてはいけない、したくない。そんな思いは、社会の秩序を保つ上でも重要な役割を果たしているでしょう。また、罪悪感が生じる理由となった体験を振り返り、検証することで、同じ過ちを繰り返さないための教訓を得ることもできるはず。つまり罪悪感は、私たちが「よりよく生きる」ために欠かせない、前向きなエネルギーにもなり得るのです。

しかし何事にも「程度」の問題があります。

過度の罪悪感は、私たちの心と身体をこわばらせて、のびのびとした成長を妨げるでしょう。また罪悪感にとらわれているうちは、「幸せ」というものを感じることもできません。なかには、「こんな自分が幸せになるなんて、許されない」と自分を責め続け、心のバランスを崩してしまう人もいるのです。

どうしたら、罪悪感を手放せるのでしょう。

どうしたら、自分が幸せになることを許せるのでしょう。

あるいは、どうしたら罪悪感という感情を、善用できるのでしょう。

本書は、そのためのヒントを「禅」の教えのなかからご紹介するものです。

おそらく、どれだけまっすぐ生きよう、正しくあろうと努力をしても、罪悪感と無縁でいられるような「聖人君子」は現実にはいません。誰もが日々、小さな罪を犯しながら、罪悪感を抱えながら生きています。それでもなお、私たちが自分らしく、前向きに生きることはできると、禅は説くのです。

禅の極意は「今、この瞬間」をひたすらに生きることにあります。変えられない過去でもなく、まだ姿かたちの見えない未来でもなく、「今、この瞬間」に目を向けて、今を「生き切る」。それが、心を罪悪感から解放するためにも、罪悪感を成長の糧とするためにも大切だと心得てください。


本書が、あなたを罪悪感のとらわれから解放し、あなた自身の幸せを見つける一助となれば、幸いです。

合掌

令和6年9月吉日　建功寺方丈にて
枡野俊明

目次

第1章

「自分を責める」を生きる力に変える

第2章

「やってしまったこと」にとらわれない

第3章

「自分」にとらわれない

第4章

罪悪感をはらう禅の言葉

第1章

「自分を責める」を生きる力に変える

何事にもとらわれず「今」を生きるために

「今、この瞬間」において、最善を尽くすこと。それは、心を煩悩や執着の重荷から解放し、一点の曇りなく生きるための、禅の教えです。

「罪悪感」もまた、そのような重荷の一つでしょう。

「なぜ、あのとき、こうしなかったんだろう」

「なぜ、あんなことを言ってしまったんだろう」

と自分を責め続け、過去を何度も反芻するうちに、心は鉛のように重くなります。

「なぜ、なぜ」と自問するたび、手足は悔恨の念にとらわれていきます。

そんなとき、禅は何を説くのか。

「今をただ生きよ」と説くのです。

誤解しないでいただきたいのですが、これは「過去の過ちなど忘れてしまえばいい」と突き放しているのではありません。

むしろ、よりよい「今」を生きるための糧とせよ。後悔を後悔のまま放置してはいけない。そんな意味だととらえてください。

私が申し上げるまでもなく、過去を変えることはできません。

しかし、どのような過去であっても、いいえ、「二度と同じ過ちは繰り返すまい」という思いが強ければ強いほど、よりよく生きる契機とすることができるはずです。その道のりは無論、平坦なものではないかもしれません。罪悪感を埋め合わせようと躍起になり、あれもこれもと手を出しては心が擦り切れてしまう人もいます。

それでもなお、誰もが、罪悪感から解放され、自分らしく生きることはできる。禅の教えがそのような生き方のヒントになると、私は信じています。

「随処作主《ずいしょにしゅとなれば》　立処皆真《りっしょみなしんなり》」

という禅語があります。臨済宗の開祖として知られる、臨済義玄《りんざいぎげん》禅師の言葉です。その心は、どのような状況にあっても、自分が主となり（主体的になり）懸命に取り組めば、何事にも影響されることなく、人生の主人公になれる、ということ。

罪悪感も、後悔も、後ろめたさも、すべては過去の出来事に由来しています。しかし、過去は過去、今は今です。私たちが生きている今という時間は、過去から切り離されたところにあるのです。冬が春になり、春が夏になるのでなく、春夏秋冬がそれぞれ独立しているように、過去、現在、未来もつながってはいません。

そうであるならば、**「今」をただひたすらに、生きるまで。**それが禅の精神です。

罪悪感は鎖か、翼か

おそらくは、罪悪感をまったく持たずに人生を全うできる人など、この世には一人もいないでしょう。それは、華やかな舞台で活躍する芸能人であっても、悟りを開くために修行をしている僧侶であっても、同じことです。

「友人を深く傷つけてしまった。その罪悪感に押しつぶされそうだ」と悲しい目で訴える人もいるかもしれません。

誰しも、罪悪感から解放されたいに決まっています。しかし、それは簡単には叶わない願いです。それならば、こうした罪悪感を抱くことそのものが「生きている証」だと、私は前向きにとらえたいのです。

そう遠くない将来に、私もあなたも永遠の眠りにつきます。今感じていることも、過去に経験したことも、すべてが消え去るのです。そう考えると、罪悪感もまた、生命の鼓動そのもの。喜怒哀楽が希薄なむなしい人生を過ごすよりも、たとえ後悔で心が散り散りに引き裂かれそうであっても、感情豊かな人生のほうが、生きるに値する。そうではありませんか。

また、罪悪感とは「よりよく生きよう」という意志が裏切られたときに生じるもの、だとはいえないでしょうか。人は誰しも、よりよくあろう、他人に対してよい影響を与えようという、上昇の意志を生まれ持っている。だからこそ、嘘をついたり、誰かを傷つけたり、期待に応えられなかったりと、その意志に反する行動をしたときに、罪悪感を覚えるのでしょう。

しかし「よりよく生きよう」という意志は、まだそこで脈を打っているはず。ならば、罪悪感が「よりよく生きよう」という意志の妨げになってしまうようではいけません。

ひとたび自責の念にとらわれると、気持ちはより悪いほう悪いほうへ転がっていくのが常です。その思いは雪だるまのように膨らんでいき、やがて私たちの心を押しつぶすほどの重さになるでしょう。

そうなる前に、立ち止まって思い出していただきたいのです。失言や不適切な行動を一度もしたことがない人間なんて、この世に存在するはずがない。そんな完璧な人間が、いるはずがない。

そうであるならば、私たちはどう生きるべきでしょう。

大切なのは、頭を「後悔」から「検証」に振り向けることです。その後悔をどうすれば自分の成長につなげられるのか、あるいは、どうすれば二度と同じ過ちを繰り返さないで済むのか。禅とは、そうしたネガティブな経験をポジティブに転じる術を教えるものでもあるのです。

例えば、次のようなエピソードはきわめて禅的なものだといえます。

「自分の軽率な発言がもとで、上司に大変な迷惑をかけた。それ以来、発言する前に一拍置いて『この言葉は相手を傷つけないだろうか』『相手にどう受け止められるだろうか』と考える癖をつけた。その結果、言葉づかいが優しくなり、人間関係も良好になった」

「仕事に没頭するあまり、家族との時間を疎かにしていた時期があった。ある日、娘の学校行事に参加できなかったことで強く後悔した。この経験から、仕事と私生活のバランスを見直し、意識的に家族との時間を増やした。結果として家族関係が深まり、仕事にも良い影響が出るようになった」

いずれも、罪悪感を検証することで、失敗を繰り返さない方法を学び、新たな人生を生きる契機とした例です。

罪悪感は、あなたを縛る鎖とは限りません。それは新たな人生へと飛び立つための翼となるかもしれないのです。

罪悪感は鎖か、翼か。どちらになるかは、あなたの生き方に委ねられています。

すべて投げ捨てると、うまくいく

大切な人を失い、自責の念を感じている。

やめたいのにやめられないことがある。

気にしすぎる性格で、ささいな失敗にもクヨクヨしてしまう。

ひどいことをした自分が幸せになっていいのか、疑問を感じている。

こうした人たちに共通しているのは、誠実であること、愛情深いこと、責任感が強いこと、周囲によい影響を及ぼそうと願っていること。そのせいで、何事も「自分のせいだ」と感じ、罪悪感を過剰に抱え込んでいます。

罪悪感を覚えるのは、決して、悪いことでも、珍しいことでもありません。しかし、同じようにネガティブな出来事があっても、それを自分のせいとは感じず、平気で暮らしている人もいるのです。変えようもない過去について、いつまでも自分を批判し続けるのは、よい習慣だとはいえません。むしろ、そんな素晴らしい心を持った方こそ、たまには愛情を自分に向け、自分を許し、重すぎる肩の荷をおろしてほしいと、私は思うのです。

そのためなら、ときに一切を投げうっても構いません。

自分がとらわれているものを手放し、自由になった心で、あらためて考えてみてください。あなたが本当に望む人生とは、どのようなものですか？

そのような人生を歩むために、「今」なすべきことはなんですか？

「放下著《ほうげじゃく》」という禅語があります。「すべての思慮分別や、経験なども一切を捨てなさい」という、ずいぶんと思い切った言葉です。

こんなエピソードがあります。

ある禅僧が、長い修行の果てに、ついに「悟りを得た」という瞬間がやってきました。「もう自分はすべてを捨て切った。執着心さえも湧いてこない」というのです。

そこで師に尋ねました。

「放下著といいますが、私にはもう捨てるものがありません。これ以上、何を捨てればいいのですか」

問われた師は、こう答えました。

「捨て切ったという思いさえも捨てなさい」

この禅問答は、穏やかな心を手に入れるには執着心を手放す必要があることを示しています。これから人生という山の頂を目指すのに、わざわざ重い荷物を背負うことはない。身軽になりなさい、ということです。

こうした「何事にもとらわれてはいけない」という教えは、禅の根本にあるものです。感情もそうです。人間ならば、震えるほどの喜び、怒り、悲しみ、楽しみがあるのは自然なこと。しかし、そうした感情をいつまでも引きずるのは、よくない。


特に過去の出来事については、「もう変えようがないんだから、放っておきなさいな」という力の抜けた言い方をします。

過去を振り返るのは構わないのです。しかし、意識を振り向けるのは罪悪感ではなく、「次はどうしよう?」のほうではないでしょうか。このように、行動も考え方も飄々としていて、融通無碍《ゆうずうむげ》なところが、禅の持ち味でもあります。なにしろ、融通無碍という言葉自体、禅からきているのですから。

「放下著」の教えも、決して「過去を無かったことにしろ、忘れろ」と言っているのではありません。むしろ、過去を受け入れつつも、それにとらわれない「今」を生きる大切さを説いているのです。

曹洞宗の開祖・道元《どうげん》禅師も、「放てば手に満てり」、つまり手放した分だけより素晴らしいものが満ちてくる、という言葉を残しました。道元禅師はきっと「手放すことは失うことではない、むしろ手放すことでより自由で豊かな心が得られるのだ」と弟子たちに伝えたかったのでしょう。

ちなみに、「放下著」の教えを体現した人物として、お釈迦様の弟子の一人、アングリマーラがいます。

殺人や盗みなど多くの悪事を重ねていたアングリマーラでしたが、あるとき、心を入替えて出家しました。当初は、アングリマーラの改心を誰も信じませんでした。やはり、過去は変えようがないのです。しかし、懸命に修行を続けるアングリマーラの姿はやがて多くの人々に認められ、尊敬される存在となったのです。

「三毒」を遠ざけ、懺悔《さんげ》する

もちろん、罪悪感のもとになるような行いや言動を慎むことも、大切です。

仏教では、あらゆる煩悩の根本には「三毒」がある、という考え方をします。それを**貪《とん》・瞋《じん》・痴《ち》といい、人生において克服するべき心の毒だとします。**

貪とは、貪《むさぼ》りの心です。なんでも必要以上に欲しがり、一つを手に入れても「もっと、もっと」が止まりません。

瞋は怒りです。欲しいものが手に入らない、他人が思い通りにならないときなどに膨れ上がり、ときには人に感情をぶつけることもあります。

痴とは、愚かさのことです。常識や道徳を知らず、物事の正しい判断ができない状態、この世界の真理が見えない状態でもあります。

人は皆、三毒にとらわれており、禅の修行は、その克服のためともされます。このとき、三毒にとらわれないよう修行者が実践するべきとされるのが、「六波羅蜜《ろくはらみつ》」。すなわち、布施《ふせ》、持戒《じかい》、忍辱《にんにく》、精進《しょうじん》、禅定《ぜんじょう》、智慧《ちえ》です。

布施は、物や金品を差し出すという意味もありますが、それだけではありません。お釈迦様の教えを説くことを法施《ほうせ》、人の心を癒やすことを無畏施《むいせ》といいます。

持戒は戒律を守ることです。その一例が、不殺生戒《ふせっしょうかい》（殺してはいけない）、不偸盗戒《ふちゅうとうかい》（盗んではいけない）、不邪淫戒《ふじゃいんかい》（不道徳な性の交わりをしてはいけない）、不妄語戒《ふもうごかい》（嘘をついてはいけない）、不酤酒戒《ふこしゅかい》（酒を飲んではいけない）をまとめた「五戒」です。

そして忍辱は、耐え忍ぶこと。精進は、一生懸命努力すること。禅定は精神を一つに集中すること。智慧は、ほか五つの波羅蜜を実践することで身につく世の真理を見極める力です。

ただし、普通に生きていれば、三毒による過ちを積み重ねてしまうのが、人間の定めです。悪気なく口にした言葉が自分の知らないところで人を傷つけることもあれば、ただ歩いているだけで小さな生き物を踏み潰してしまうこともあるでしょう。

それは決して避けられないことです。結局のところ、生きている限り罪を犯さない人はいないのです。

それでもなお、**私たちは自分のなすべきをなし、生き続けなければならない。罪の意識に、とらわれ続けてはいけない。**

そのため、過去の過ちを清算する儀式が、仏教にはあります。それを略布薩《りゃくふさつ》といいます。これは、日々の行いを懺悔し、身も心も清浄にするための法要のこと。僧侶が行う儀式ですが、一般の方も参加できる機会があります。

そのとき、必ず唱えるのが懺悔文《さんげもん》という短いお経です。

我昔所造諸悪業《がしゃくしょぞうしょあくごう》
皆由無始貪瞋痴《かいゆうむしとんじんち》
従身口意之所生《じゅうしんくいししょしょう》
一切我今皆懺悔《いっさいがこんかいさんげ》

（訳）

私が過去に行った過ちはすべて、始めもわからない遠い過去から積み上げてきた貪瞋痴の三毒によるものです。

それは身（身体、振る舞い）、口（言葉）、意（心）が行った三業《さんごう》から生まれたものです。

今、私はそれらすべてを悔い改めました。

心のなかで悔い改めるというだけなら、わざわざ大げさな儀式などしなくてもよいだろう、と思う方もいるかもしれません。

しかし、これは「仏様の前で」やるから意味があるのです。

考えてもみてください。人は生きているうちに、心にさまざまな「鎧」を着込むようになります。会社員として、上司として、部下として、父として、母として、夫として、妻として、先生として、生徒として等々、さまざまな社会的地位や肩書が「こう生きねばならない」という執着を生みます。これでは、心の底から生き方を改めようという気持ちにはなかなかなれません。

ところが、仏様の前で手をあわせていると、自然と心が洗われ、生まれたときそのままの清らかな心が、姿を現すのです。そこで人は嘘はつけません。仏の前での懺悔は本当の懺悔であり、仏の前での誓いは本当の誓いになるのです。

とはいえ、一般の方が略布薩に参加できる機会は、そうはないでしょう。それでも、心配はいりません。大切なのは、自分がしたことを日々省みる習慣を持つことです。私は、折に触れて懺悔文を唱えることにしています。**反省するべき点があれば、必ず改めると誓ってからその日を終える。罪悪感を手放すための、小さな習慣です。**

もう一つのアドバイスは、自然のなかに身を置くことです。海を眺め、山を歩き、生き物の気配を身体で感じてみる。その心地よさに身体を預けてみる。自然の雄大さの前では、三毒など取るに足らないものに感じられるでしょう。

罪悪感情は「おなかにとどめる」

罪悪感を含め、あらゆる煩悩を遠ざける方法として、「呼吸」があります。例えば「部下を怒鳴りつけてはいけない。それは重々承知しているけれども、怒りの感情を押し止められそうにない」。こんなとき、どうするか。

それは必ずしも「怒りっぽい」人だけのお悩みではないと思います。私の目にも昔に比べて「切れる」人が増えた印象がありますが、それがその人の本性だとは、到底思えないのです。むしろ、会社や学校、家庭からの「こうでなければいけない」という期待に応えようと必死に頑張っている人のほうが多いのではないでしょうか。しかしながら、大きすぎる期待はプレッシャーとなり、そのプレッシャーに耐えかねた精神は、いつか限界を迎えます。

そんなときは、呼吸に意識を向け、文字通り「一呼吸を置く」のが、禅の作法です。何も考えず、「ふう〜〜〜」と息を長く吐いてください。呼吸とは、呼（はいて）から吸（すう）もの。最後まで吐くことができれば、吸うのにコツはいりません。

禅には「調身《ちょうしん》、調息《ちょうそく》、調心《ちょうしん》」という言葉があります。姿勢を整え（調身）、呼吸を整える（調息）と、心も整う（調心）という意味です。

思い出してみてください。イライラしているときや、クヨクヨしているときに、頭のなかで「落ち着こう、落ち着こう」と頑張っても、心は乱れるばかりでしょう。呼吸はハッハッハと浅く短くなり、胸がいっそう苦しくなっていきます。

心の乱れを、心で整えるのは、これほどに難しいのです。心を整えたいなら、身体に意識を向けたほうがいい。そのための呼吸なのです。

今にも感情が爆発しそうで余裕がないときは、先ほど申し上げたように、「ふう〜〜〜〜」と息を長く吐くだけでも結構です。

ただし、坐禅で用いる丹田呼吸（腹式呼吸）を覚えると、より効果的です。丹田呼吸をするためには、まず調身です。骨盤を立て、背筋をまっすぐ伸ばします。この姿勢で腹式呼吸を行います。おへその下2寸5分（75ミリ）のところにある丹田を意識し、

1分間に3、4回程度のペースで呼吸を繰り返すと、心が落ち着いていくのがわかるはずです。このとき、背中が丸くなったり、前かがみになっていると呼吸がおなかに落ちず、胸式呼吸から腹式呼吸に切り替わりません。ご注意ください。

三毒を撒き散らして後悔しないよう、「まずい」と思ったら丹田呼吸です。

禅では、**感情を「おなかにとどめて、頭にあげない」**という言い方をします。例えば、誰かの言葉で怒りや悲しみの感情が湧いたとします。そのとき「こんなにひどいことを言うこの人は、自分に対して悪意を持っているに違いない。許せない、ひどいめにあわせないと、こちらも納得できない」という具合に、気持ちに収拾がつかなくなるのが、感情を頭にあげるということです。

中国の古い格言に「綸言《りんげん》汗の如し」という言葉があります。出た言葉と汗は後で取り消すことができません。感情にまかせて罵詈雑言の類を口にすれば、人間関係に傷がつき、最悪の場合、そこで縁が切れる恐れもあるでしょう。感情をおなかにとどめる、つまり、さらりと受け流すことができれば、そうした事態を回避できます。

もう一つ、感情をおなかにとどめるのに、いい方法があります。

それは大本山總持寺の貫首をされていた板橋興宗禅師さんの教えで、**心のなかで**

「ありがとさん、ありがとさん、ありがとさん」と3回唱える、というもの。どのような感情も、一瞬大きく揺さぶられることがあっても、呼吸を整えていれば、じきに平静さを取り戻します。その時間を稼ぐための、ちょっとしたおまじないが「ありがとさん、ありがとさん、ありがとさん」です。

第2章
「やってしまったこと」にとらわれない

人を傷つけてしまった

お悩み

部下を怒鳴ってしまいました

何度言っても報告・連絡・相談が遅い新人に対して、つい大声をあげてしまいました。すぐに謝罪をし、「パワハラ」扱いされることはありませんでしたが、新人を萎縮させてしまったようで、上司にふさわしい態度でなかったと後悔しています。

報告の遅れに限らず、先輩社員から見れば、経験の浅い部下の至らなさはどうしても目につくところでしょう。あなたがすぐに謝罪したことは、とても大切なことです。ただ、それでも部下の方は萎縮してしまったとのこと。内容よりも大声をあげられたこと自体に恐怖心を抱いてしまったのでしょう。
冷静に言葉を選んで指導をしたい気持ちはやまやま。しかし仕事ができなければ顧客に迷惑がかかり、上司としての自分の評価にも差し障りが出る。このような状況であなたの心が揺らぐのは、至極もっともなことです。まずは、その気持ちを素直に認めましょう。

すでに謝罪をすませたのなら、大事なのはこれからどうするか。感情的に叱ってしまうことの裏には、部下への期待が大きすぎることもあるのではないでしょうか？あなたが優秀であればあるほど同じ仕事を他人に求めるのは無理がある、という事実を忘れてはいけません。

現実には10人いれば10人が異なる能力を持っており、仕事を進めるスピードも一様ではないのです。しかし、それは人が集まり、チームをつくり、助け合う理由そのものでもあります。極論すれば、たとえあなたが10人いたとしても、あなたの仕事は10倍楽にはならないでしょう。それは、4番バッターばかりを集めた野球チームが優勝できないのと同じこと。異なる個性を持った人間が集まるからこそ助け合いが生まれ、チームは強さを発揮できるのです。

そうであるならば、上司に求められるのは、チームのリーダーとしてメンバー各々の持ち味を理解し、評価し、生かすことでしょう。報告・連絡・相談という仕事の基本ですら、覚えが早い新人、遅い新人がいるものです。

そう頭でわかっていても、気持ちを制御できない場面もあるかもしれません。負の感情が溢れそうになるかもしれません。

そんなときに、思い出していただきたい禅語があります。

「春色無高下《しゅんしょくこうげなく》　花枝自短長《かしおのずからたんちょう》」

春の陽射しが一面に降り注いでいても、花がつく枝には、短いものと長いものがあります。長い枝は、たくさんの陽射しを浴びていち早く花を咲かせる一方で、長い枝で陽射しがさえぎられている短い枝の花は、開花が遅くなったりする。しかし、どの枝も自分の持ち場で精一杯の花を咲かせることには、変わりがありません。そして、こうした**枝ぶりの違いがあるからこそ、１本の木にも奥行きが生まれ、美しい。**

職場でも同じです。開花の時期が早い人もいれば、遅い人もいる。また、短い枝もあれば長い枝もあり、その組み合わせが、チーム運営の妙です。

例えば、仕事が早いAさんは1時間で10のタスクを処理できても、そのなかに3の間違いがあるかもしれません。一方で、1時間で5の仕事しかできないかわりに、間違いは少ないBさんがいるかもしれない。

この場合、AさんとBさんのどちらが「優れている」かというのは、なかなか難しい問題だと思います。仕事の早さや正確性だけが、仕事の評価の基準ではないからです。いいえ、顧客の視点に立つならば、「早く」かつ「間違いがない」仕事が最良ではないでしょうか。

それならば、例えばAさんに仕事を任せるときには「必ず間違いがある」という前提で見直しの時間を多めにとり、慎重なBさんにその見直しを任せるのも、上司としての判断になるでしょう。あるいは、Bさんにすべてを任せた上で、スケジュール全体に余裕を持たせるのも一案です。

このように「Aさんは仕事が早い（から良い）、Bさんは仕事が遅い（から悪い）」と、「Aさんは間違いが多い（から悪い）、Bさんは仕事が正確（だから良い）」とを単純に比較するのではなく、それぞれの持ち味を組み合わせることで、生かす方法を考えてみませんか。その人の生かし方を知っている上司ならば、イライラすることも、少なくなるはず。過剰な期待をせず、「この人は相変わらず報告が遅いけれども、別のところで能力を発揮してもらっているから、まあいいか」と、割り切った接し方ができるからです。

　異なる個性を組み合わせて、生かす。**そのさいには「平等であることにこだわらない」ことも、ポイントです。**

「平等即不平等《びょうどうそくふびょうどう》」という禅語があります。表面上は平等に見えることが、その実、不平等になることがある、という意味です。得手不得手は人によってバラバラ、それなのに同じ仕事を与えるのは、大半の人の活躍の場を奪っているも同然という意味で、不平等。要は「得意なことを伸ばし、不得意は諦める」のが肝心だということです。

　禅は「ありのままの自分」で生きることを説くものでもあります。それは、人は一人ひとりが絶対の存在であり、余人をもって代えがたい存在だと考えるからです。道元禅師も「ありのままの姿を、ありのままで受け止めること。そうすれば心を乱すことなく生きていける」と教えています。

　皆が「ありのままの自分」として活躍するには、その人の能力に応じた仕事、能力に応じた励まし、能力に応じた褒め言葉が必要になる。それが簡単なことだとは思いません。しかし、だからこそ、上司の腕の見せ所です。「仕事ができない部下」ほど、上司としてのあなたを磨くでしょう。
大丈夫です。部下の開花はこれから。あなたの開花もこれから。焦ることなく、ともに成長していくことです。

禅思考

上司の役割は「異なる個性を組み合わせて、生かす」こと。そのためなら「不平等」も悪いことではありません。焦らず異なる個性を楽しめば、あなたも部下もいずれ花開きます。

お悩み

友人に暴言を吐いてしまいました

友人に対し「言ってはいけない」暴言を口にしてしまいました。すぐ謝ればいいものを、あれこれ言い訳を考えている間に時間が過ぎ、友人とはすっかり疎遠になってしまいました。

瞬間湯沸かし器のように感情を高ぶらせて、言ってはいけないことを口にしてしまった経験は、私にも覚えがあります。売り言葉に買い言葉で大げんかし、後で「ああ、またやってしまった」と頭を抱えたことが、若い頃は幾度となくありました。

「覆水盆に返らず」の言葉のとおり、一度口にした言葉は取り消すことはできないものです。「こうすれば友人関係を修復できる」とお約束できる秘術はありません。しかし、許してもらえるか、もらえないかはどうあれ、その友人を大切に思う気持ちがまだ残っているなら、やるべきことはただちにやらなければならないでしょう。

「謝るべきことは謝る」以外に道はありません。たとえ、友人を傷つけてから何年もの歳月が経過していたとしても、です。

もちろん本来は、その場ですぐに謝るべきだったのです。

謝罪には、食べ物と同じように、賞味期限や消費期限のようなものがあります。その場で謝れば誠意を受け取ってくれるかもしれませんが、謝らないで済む言い訳を考えたり、「謝るなんて負けた気がする」「自分は悪くない」などと言っているうちに時間が経過してから謝ると、「今ごろ、何をしにきたんだ。どういうつもりなんだ」となってしまう。傷つけたことに罪悪感を覚えるほど大切な友人ならば、後悔を感じた時点で、謝罪するべきでした。その場ですぐなら「ごめん、言いすぎた」「うん、こっちも悪かったよ」で丸く収まった話なのかもしれないのです。

とはいえ、過去は過去、今は今です。過去を引きずらず、未来を憂えず、「今、この瞬間」のやるべきことから逃げているうちは、心の平穏は訪れません。

「過ちてはすなわち改《あらた》むるに憚《はばか》ること勿《なか》れ」

「過ちて改めざる　是《これ》を過ちと謂《い》う」

これは中国の『論語』にある言葉です。すなわち、人は誰でも過ちを犯すが、過ちに気づいたら躊躇せずに改めなさい、過ちを犯しているのに改めないのが、本当の過ちである。そんな意味です。

やるべきは一つです。潔く謝りましょう。

それも、直接会って謝罪することです。

顔を合わせ、深々と頭を下げて、心から謝ることで、相手にも誠意が伝わります。

特に、多くのコミュニケーションがオンラインで行われる現代において、「わざわざ会いにいく」価値は、ますます大きくなっています。これを、メールやメッセージで手軽に済ませようとすると、どれだけ殊勝な言葉を重ねても、真意が疑われてしまうでしょう。「裏では舌を出してるんじゃないか」と疑われても、仕方がありません。

自分が情けなくても、みっともなくても、そうした気持ちから逃げずに、相手の心情を慮っている姿勢を見せることも含めて、誠意なのです。巧みな言葉づかいなどは必要ありません。非難も覚悟の上でその場に赴き、**謝罪の言葉ではなく、謝罪の「心」を伝える。**そこに、大きな意味があります。

無論、それだけやっても相手に許してもらえるかどうかは、別問題です。「謝れば許してもらえる」ほど、人生は甘くありません。オンラインでのやりとりなら「もう昔のことだから」「何も気にしていないよ」といった反応が返ってくるところでも、実際に顔を合わせれば、相手の声音や顔色から「もう、許してもらえないのだ」ということがはっきりわかることもあるでしょう。「もっと早く謝っていれば」と自分を責めたくなるかもしれません。

それでも「やるべきことはやった」ことには違いがない。**その結果が絶縁ならば、「それだけの縁だった」ということです。**ここまでたどり着く頃には、罪悪感はわずかに、しかし確実に和らいでいるはず。そのぐらい「わざわざ会いにいく」ということには、強い力があるのです。

禅思考

あなたにとって大切な人ならば、今からでも謝りましょう。オンラインに逃げず、直接会って話すことです。謝罪の言葉ではなく、謝罪の「心」を伝えましょう。ただし、それでもダメなら諦めること。

お悩み

子どもの前で夫婦げんかをしてしまいました

子どもの前で言い争いをして、子どもを不安にさせてしまいました。親としていい振る舞いではなかったと後悔しています。

夫婦げんかや家庭内の不和が子どもに直接的な害を及ぼすとは限りませんが、その悪い空気が子どもに伝わることを恐れる親は多いことでしょう。また「けんかはいけない」と日頃子どもに教えている親がけんかをしたら、示しがつきません。

しかし、他人どうしが長い年月をともにするなかで「夫婦げんかをしない」のはほぼ不可能であることは、認めるべきでしょう。けんかしない努力を継続するのは大前提ですが、それでもなお、子どもに夫婦げんかを見せてしまったのなら、無理に取り繕うよりも大切なことがあると思います。

けんかをすること自体は悪いこと。しかし同時に、生きていればけんかを避けられないこともある。また、仲が良くても夫婦げんかすることは珍しくないし、けんかの後で仲直りすることもできる。

こうした人生の真実を子どもに教える人間がたまたま親だった。そう考えることはできませんか。

それがたとえ家族であれ、友人どうしであれ、人間がお互いを100%理解し合うことなど、できません。大人ならば言うまでもなく理解していることですが、子どもが学ぶのはこれからでしょう。両親のけんかを目の当たりにしたら、ショックを受けるかもしれません。あなたがそうではないと信じますが、子どもの目の前で夫婦が「暴力」を振るうようだと面前DVと呼ばれ、深刻な心の傷を子どもに与える「児童虐待」として扱われます。

そうしたショックを和らげるためにも、「けんかはいけない」という言葉のその先を、子どもに伝えなければいけない。「けんかはいけない」のに、なぜけんかしてしまったのか、どうやって仲直りしたのか、どうしたらけんかを防げたのかなどを説明し、**あるべき「けんかの後」を、子どもに見せることです。**

「面授《めんじゅ》」という禅語があります。大切な教えは、師と弟子が顔と顔をあわせて、直接受け渡されるもの、という意味です。

現代社会からは、面授の機会が失われつつあります。特にコロナ禍以降は、オンラインの導入でコミュニケーションが格段に効率化しました。しかし、本当に大事なことを確実に伝えようと思うなら、その場の雰囲気や、相手の顔色、息遣いなど、同じ空間を共有していなければわからないことも、考慮に入れるものです。

親が子どもに教えを授けるときも、「けんかはいけない」と、言葉にすればいいというものではないはずです。けんかから仲直りまでのプロセスを目の当たりにしたほうが、子どもにはよほど価値がある学びとなるに違いありません。

もう一つ、「薫習《くんじゅう》」という言葉を覚えておいてください。

昔の人は、着物を箪笥にしまうさい、防虫香というお香を一緒に入れました。こうするだけで、着物にいい香りが移るのです。

人間関係にも似たところがあります。誰かのそばにいれば、知らぬうちにその人の言葉や考え方が心に染み込んでいきます。同じ屋根の下で暮らす親子ならば、なおさらです。多くの場合、子どもは親と同じ言葉をつかい、同じように考え、行動するようになるでしょう。

もっとも、薫習にもいい面、悪い面があります。

芳しい香りを放つ親のそばにいれば、子どももまた芳しい香りを身にまとうでしょう。しかし悪臭を放つ親のそばにいれば、子どもにも悪臭が移るのです。後者は、親にとっては何としても避けたいことのはず。ちなみに「師匠選び」においても同じことが言えます。禅の教えでは、何事も「極めた人のそばにいることが大切」とします。師を選ぶときは一流以外にはありえない。二流や三流の人から学んでは、決して一流にはなれないのが道理だというのです。

けんかをしない大人のお手本になれなかったのは、親として残念なこと。しかし、けんかをしても仲直りできる大人のお手本を見せられたなら、いつまでも悔やまずに済むかもしれません。**けんかをしない大人よりも、けんかをしても仲直りできる大人のほうが、人間としての成熟度は上。**そうですよね。

あなたは、子どもにどんな香りを届けたいですか。

禅思考

大切なのは、けんかの後。けんかをしても仲直りできる「大人のお手本」を見せるのも、親の役割です。

お悩み

つい子どもに怒鳴ってしまいます

ダメだとわかっているのに、つい子どもを怒鳴りつけてしまうことが何度もあります。怒っても解決しないとわかっているのに。

怒鳴られて育った子どもは、自分が愛されていないと感じ、自尊心が低下する。萎縮して、他人の顔色をうかがう子どもになる。子ども自身も、他人を大声で動かす人間になる…。「子どもを怒鳴ってはいけない」理由は、いくらでも挙げられます。

しかし同時に、子どもを怒鳴りたくなる理由だって、いくらでも挙げられそうです。何度注意しても同じことを繰り返す。わざと親が嫌がることをやってみせる。勉強しない、お風呂になかなか入らない、食べ物の好き嫌いをする、やるといった宿題をやらない…。感情まかせに怒鳴ることができたら、どれだけ楽でしょう。

それでも、子どもを怒鳴りたい親などまずいないのです。子どもを傷つけたい親などいないのです。そのために、私たちにできることを考えてみたいと思います。

まず確認しておきたいのは、**「怒り」という感情自体は、責められるべきではない、**ということです。

怒りだけではありません。人間には生き生きとした「喜怒哀楽」の感情があり、それを完全に抑えることは不可能です。喜怒哀楽は、いわば「人間らしさ」そのもの。「穏やかでいなければ」という思いが強すぎるあまり、喜怒哀楽を無理に押さえつけようとすると「生きている」実感まで奪われてしまうでしょう。

また、子どものしつけのため、どう思われようと、親が伝えなければならない社会のルールや、やってはいけない危険な行動などがあります。

そうなると、身につけるべきは感情のメリハリと「怒鳴る」以外の適切な表現方法ではないでしょうか。

「いつも怒っている」のは困りますが、必要なときに必要なだけ怒ることは、親として、やはり大切です。そうであるならば、暴力的な言動で「怒る」のではなく、**丁寧な言葉で「叱る」よう心がけましょう。**

「怒る」は親の感情をぶつけているだけ。実際、怒られた子どもは「怒られた」ことが記憶に残るだけで、なぜ怒られたのか理解していないケースが少なくないとか。一方、「叱る」は「何を伝えたいのか」をしっかり意識することです。子どもの成長を願う親が伝えたいのは、自分の感情ではなく「なぜいけないのか」「本来はどうするべきなのか」であるはず。それを、子どもでも理解できるよう話そうと思えば、言葉は自然と丁寧になると思います。

ただし、いざというときになって急に「丁寧な言葉づかいで叱ろう」としても、なかなかうまくいかないと思います。

もし、感情まかせに怒鳴りたくなったら、丹田呼吸をして怒りを鎮めるか、子どもからいったん距離をとることも、一つの手です。それも間に合わずに怒鳴ってしまったら、気持ちが落ち着くのを待ってから「大声を出してごめんね、こわかったね」と子どもに謝りましょう。完璧な親などいないのです。「親も子どもと一緒に成長していきたいと思っている」姿勢を見せましょう。「子育て親育て」とはよく言ったものです。

後は、日頃からの備えがものを言います。

禅では「行住坐臥《ぎょうじゅうざが》」、すなわち行く、住する（止まる）、坐る、寝るといった生活そのものが修行だと考えられています。つまり、心を整えるには、日常生活を整えることから。例えば、何か子どもに説明するときも、面倒だからといって要点だけをかいつまんで伝えようとすると、言葉も立ち振る舞いも荒っぽくなり、親にその気がなくても子どもは「怒られている」と感じてしまうかもしれません。

それでは「叱る」練習になりません。いざ叱られたときに子どもが「なぜいけないのか」「本来はどうするべきなのか」を学べるよう、日常生活のなかでも、物事の理由や背景について、じっくり話す習慣を持ちましょう。

叱るのに、子どもを傷つける言葉はいらないのです。

「和顔愛護《わげんあいご》」という禅語があります。和やかな表情で、優しい言葉づかいをしたほうが、子どもにまっすぐ届くのです。

禅思考

行住坐臥。生活すべてが禅の修行です。あなた自身の普段の言葉づかいや立ち振る舞いを丁寧にすることで、「怒る」のではなく「叱る」練習を重ねましょう。

お悩み

いじめ加害者だったので子育てがつらいです

子どもの頃、クラスメイトを仲間はずれにするなど、いじめの加害者でした。親になったことで、いじめがいかに残酷なことか、よくわかりました。今「いじめはいけない」と自分の子どもに教えていますが、そのたびにひどい罪悪感に苛まれます。

結局のところ、罪悪感が罪悪感のまま長くとどまるか否かは、後悔を「検証」し、同じ過ちを繰り返さないための糧にできるかどうかで、決まるのです。

「子どもの頃にクラスメイトをいじめたことを恥じ、悔いている」というお悩みです。今さら謝罪を申し出たところで、相手は受け入れてくれない可能性が高いでしょう。いじめた側の自責の念などより、いじめられた側の苦しみのほうが、はるかに大きいのですから。いじめ行為が終わった後も被害者の精神的苦痛は消えず、何年たってもいじめられた記憶が鮮明に蘇る、進学や就職にも支障が出るという話も聞きます。

被害者にとっていじめ問題はまだ、終わっていないかもしれない。あなたが謝るのは勝手ですが、それがまた相手を傷つけることになるかもしれませんし、「何度謝られても、許さない」と言われても仕方のないことです。

ここでも問われるのは、あなたがこの経験から何を学んだか、です。いじめをした事実は変えられなくても、そこから何かを学ぶことはできないでしょうか。

例えば、悪口を言ったり、無視をしたり、ものを隠したりしたときに、あなたは何を感じ、何を考えていたのでしょうか。もしかしたら、周りの友達と調子をあわせていただけかもしれない。本当はいじめたくないのに、自分が標的にされるのが嫌で、いじめる側にまわっていたのかもしれない。

あるいは、今、反省しているのはなぜなのか。どうして「悪いことをしてしまった」と思うようになったのか。

このように、なぜ自分はそんなことをしてしまったのかを、掘り下げること。それは、あなたがいじめについて語る言葉を、大きく変えるでしょう。

「いかなる理由があっても、人をいじめてはいけない。他人の人生に多大な影響を及ぼす行為で、重大な人権侵害である」という基本的な考えを子どもに教えるのは、親の役割だと思います。

しかし肝心なのは、それを自分の言葉で語れるかどうか、です。

いじめの当事者にならないほうがいいのは、もちろんのことです。しかし、そう考えている大人であっても、子どもの頃はいじめる側だったことがある。大人になり、そのことを悔やんでいる。謝罪をしようにも取り返しがつかない。償い方がわからない。

いじめ加害の当事者が、自分の経験をもとに「人をいじめてはいけない」と語る言葉は重く、子どもの心深くに届くでしょう。それは、情報に溢れた現代において、スマホでいくら検索しても、わからないことです。

「冷暖自知《れいだんじち》」という禅語があります。そこにある水が冷たいのか、温かいのかは、飲んでみるまではわからない。転じて、何事も体験してみて初めてわかる、という意味です。**いじめ加害者としての後悔もまた、あなたの語るべき経験なのです。**

「いじめはいけない」と子どもに教えるならば、あなたがいじめ加害を悔やんでいることや、自分の子どもが同じ過ちをおかさないように経験を伝えたいと思っていることも、打ち明けるべき日がくると思います。

それはまた、親が「完璧な存在ではない」ことを子どもが学ぶ契機にもなるでしょう。親はつい、子どもの前で完璧な存在であろうとしますが、完璧な親を前に、自分の弱さを打ち明けたいと思う子どもはいません。親のほうも「自分はこれまで悪いことはしたことがない」という態度だと、生きるのが窮屈です。

いずれ子どもが成長すれば、さまざまな悩みを抱えるようになります。そうしたとき、子どもの悩みに共感し、「それはつらいね、よく話してくれたね」と寄り添えるのは、完璧な親でしょうか、完璧でない親でしょうか。

親として「○○すべき」「○○してほしい」「○○してはいけない」という理想があるとしても、それはいったん横において、子どもの言葉にじっくり耳を傾けられるのは、完璧な親でしょうか、完璧でない親でしょうか。

「自分がつらいときはきっと支えになってくれるだろう」と、子どもが安心できる親は、どちらでしょうか。

あなたには、大切な誰かを幸せにするために、できることがある。そのことを忘れないでください。

禅思考

加害者もまた、いじめの「当事者」。当事者の言葉だからこそ伝えられることがあるはずです。

お悩み

浮気がバレました

出来心で浮気をしてしまいました。「二度としない」と約束してパートナーに許してもらっていますが、パートナーの顔色をうかがう日々です。

出来心というと、「たまたま」「一度きり」の過ちのようにも聞こえますが、果たして本当にそうでしょうか。

まるで、生まれついての癖のように、ある種の過ちを繰り返す人がいます。例えば浮気も、浮気〝癖〟というぐらいで、一度浮気をした人は「また浮気をする人」と見なされがちです。その場合は、出来心だとか「若気の至り」とかいった軽い言葉では片付けられません。パートナーからの信頼を失うのはもちろんのこと、世間からも「信頼するに値しない人間」として扱われることでしょう。

そこで「浮気をして何が悪いんだ、これが自分の生き方だ」と開き直る人には、いよいよつける薬がありません。窃盗や傷害、詐欺などの犯罪行為を重ねる人も、そこに良心の呵責がまったくないのなら、更生は難しいでしょう。

しかし、わずかなりとも良心が痛んでいる人、生き方そのものを改めたいと願う人であれば、まだ救いの道はあります。

仏教において、それは「安名授与《あんみょうじゅよ》」を受けることです。

仏教では、過ちを犯した過去があったとしても、心を改めれば、清らかに生きられると考えられています。そのために「懺悔《さんげ》」を行います。

懺悔とは、仏様を前にして罪を認め、謝ること。懺悔というとキリスト教のイメージがついていますが、実は仏教に由来があるのです。仏教における懺悔の儀式は、懺《さん》悔滅罪《げめつざい》といい、仏の前で悔い改めながら、何度も五体投地《ごたいとうち》（両手、両膝、額を地面につけて行う、最高の敬意を表す拝礼）を行います。

一般の方も懺悔滅罪をする機会があります。それは生前に戒名を受けるときです。現在では亡くなってから授かるのが普通になった戒名ですが、本来、戒名は生前に授かるものでした。それを「安名授与」といいます。

なぜ、生前に戒名を受けるのでしょう。それは、人生を見つめ直し、これからはお釈迦様の弟子として、教え（戒《かい》）を守って生きていくという決意をするためです。特に、高齢になり、自分の死を意識し始めると、人は「これからどうやって生きていこうか」と悩み、生きるための拠り所が欲しくなるようです。

今でも、安名授与を望む人はいます。私も毎年10人ほどからご依頼を受けるのですが、例えば、定年退職や伴侶を亡くされたときなど、人生に一区切りをつけたいタイミングでのご依頼が多い印象です。

そして戒名を受けるには、過去に犯した罪を滅して、心を清らかにしないといけない。そのために懺悔滅罪を行うのです。

おそらく若い方のほとんどは、生前に懺悔をして戒名を受ける、という風習をご存知ないでしょう。しかし、過ちを犯した人が心を改め、人生を生き直すための道として、もっと知られる価値があるものだと、私は考えています。あなたがもし本心から悔い改めたいと願うなら、安名授与をおすすめします。

「生きているうちに戒名なんて縁起でもない」と思われる方もいるのですが、実際に安名授与を受けた方は、すっきりした表情をされています。それはおそらく、新しい人生が始まった清々しさ、晴れ晴れしさなのでしょう。

さて安名授与とは、それ以降はお釈迦様が示した「戒」を守って生きていくと誓った証でもあります。ここでの「戒」とは、単なる規則ではなく、「よく生きる」ための指針のようなもの。例えば「十重禁戒《じゅうじゅうきんかい》」がそれにあたります。出家をしなくても、戒を守って生活をすれば、仏様の教えを守る、ということになるのです。

第一 不殺生戒《ふせっしょうかい》――無駄な殺生はしない

命あるものを殺さないことです。禅の修行中に野菜中心の精進料理を食べるのは、この戒めがあるからです。ただし、ここで大切なのは命をいただくさいの感謝の気持ちであり、一般の方が精進料理を取り入れる必要はありません。食事をするときは「いただきます」と合掌すること、残さず平らげること。それで十分です。

第二 不偸盗戒《ふちゅうとうかい》――清い心を持ち、人のものを盗まない

人のものを盗まないことです。ただし、モノだけではありません。人が考えたアイデアや文章を「どうせバレないだろうから」と拝借していることはないですか。そのときの後ろめたさから目を背けないことです。

第三 不邪淫戒《ふじゃいんかい》――清い心を持ち、邪なことをしない

浮気、不倫など、邪なことに手を染めてはならない、ということです。ほかにも、邪

魔、邪推、邪険など、「邪」がつく行いは遠ざけなければなりません。

第四 不《ふ》妄《もう》語《ご》戒《かい》――嘘、いつわりを言わない

「小さな嘘なら構わない」という油断は禁物です。嘘をごまかそうとしてまた嘘をつき、ついにバレるときには「大嘘」になっているはずですから。

第五 不《ふ》酤《こ》酒《しゅ》戒《かい》――酒に溺れない

お酒が悪いのではなく、お酒に溺れ、理性的な振る舞いができなくなるのが悪いのです。「ビールは1日1本まで」「晩酌は1時間だけ」など、飲みすぎを防ぐルールを設け、緩みがちな自分を縛る「箍《たが》」としましょう。

第六 不《ふ》説《せっ》過《か》戒《かい》――人の過ちを責め立てない

人はつい「自分の過ちを棚に上げる」もの。しかし過ちを犯さない人間などいないのです。ささいなミスをあげつらうような振る舞いをしていると、いつか自分に跳ね返ってくる。「因果応報」が世の習いです。

第七　不自讃毀他戒《ふじさんきたかい》——自らを誇り、他人をけなすことをしない

常に謙虚であることです。自分と他人は比較するようなものではなく、それぞれが「絶対の生」を生きているのです。

第八　不慳法財戒《ふけんぼうざいかい》——ものでも、心でも、施すことを惜しまない

人に対する支援を惜しまないことです。お金も時間も、世のため人のために使うと、何倍にもなって返ってくるからです。

第九　不瞋恚戒《ふしんいかい》——怒りに燃えて、自らを失わない

喜怒哀楽を持った人間ですから、ときには怒ることもあるでしょう。しかし我を忘れてはいけない。丹田呼吸をして、心を鎮めましょう。

第十　不謗三宝戒《ふぼうさんぼうかい》——仏、法、僧の三宝を誹謗中傷しない

お釈迦様と、お釈迦様の教えと、その教えを実践する僧侶を大切にすることです。

これらの戒を守ると誓うことは、自分のこれまでの人生を見つめ、生き直しを誓うこと。守り続ければ、家族や周りの人との関わり方を穏やかなものに変えていくこともできるでしょう。

禅思考

本当に後悔しているならば、これからは「戒」を守って生きること。その誓いのために「安名授与」があります。

お悩み

自分の過去の判断を悔やんでいます

家族が亡くなって数年が経ちます。「早く病院に行くよう勧めていたら、手遅れにならなかったかもしれない」「他の治療の選択肢のほうがよかったかもしれない」と自分がしたこと、しなかったことを悔やんでいます。

あなたはあなたの最善を尽くしたのだと、私は信じます。

もし、あのとき、家族にもっと強く病院へ行くよう勧めていたら、今も元気でいられたかもしれない。そうした思いが長く胸を締めつけている方は多くいらっしゃいます。しかし、皆さんのお話をうかがって思うのは、**人の命に関わる問題について私たちにできることは、ほんのわずかだということです。**

例えば、お檀家さんからしばしば「故人は病院嫌いだった」という話を聞きます。「大丈夫、自然に治るさ」とか「若い頃に身体を鍛えていたから平気だ」といって後回しにしているうちに病気は進行し、手遅れになるケースが多いのです。病院に行くも行かないも本人の意志ですが、このように手遅れになる危険を考慮すると、本人の意志を尊重してばかりもいられません。そうだとしても、大人を力づくで病院に連れていけるかというと現実的には難しい。

そう考えると、職場で定期的に受けさせてもらえる健康診断が、いかにありがたいことかわかります。定期健診を受ける習慣がある人は、重大な病気の早期発見・早期治療ができ、身体的・金銭的な負担も軽くなります。もちろん、病気が見つからないなら、なお良しです。

とはいえ、現実は思うようにはいきません。定期健診でも病気を見落とすこともありますし、病院に連れていくことができても、その病院がまた別の問題を招くこともあります。医師が提示した治療方針と家族が望む治療方針が一致せず、悩むこともあります。どのような判断にもリスクはつきまとうのです。

しかしおそらくは、どのように判断をし、どのような経過をたどったとしても「このとき、こうしていれば長生きできたのではないか」「あのとき、あんなことをしなければ悔いのない看取りができたのではないか」という思いは残っただろうと思うのです。今からなら「あれもできた、これもできた」といくらでも反省点を見つけられるでしょう。過去を振り返ったときに「十分よくやった」と思えるなら、それは幸いに思うべきです。しかし、そこにたどり着けるのはわずかな人だけです。

あなたはあなたなりに「これ以上はない」というほど考え抜いて、その判断をした。それだけで、「最善を尽くした」ということになるのです。思うままにならない状況でも、そのままならなさのなかで、精一杯生きれば、それでいいのです。

それが、命を全うするということでもあります。

禅には「定命《じょうみょう》」という考え方があります。これは、人の命の長さは、生まれてきたときから定まっている、という意味です。それならば、若くして病気で亡くなった方も、不慮の事故で亡くなった方も、定命を全うした、命を生き切ったという意味では、同じだけの価値を持った命、ということになるでしょう。

私は、定命をろうそくに例えることがあります。人の頭にはろうそくが立てられていて、火が灯っている。最後まで火を絶やさず燃え尽きるろうそくもあれば、風でパタンと倒れ途中で火が消えてしまうろうそくもあるでしょう。しかし、燃え尽きるのも途中で火が消えるのも、定めであることには変わりがありません。

その定めを、他人が変えることなどできません。**どのような生き方であれ、故人は命を全うした。故人を大切に思うならば、残された者はそう信じることです。**

禅思考

あなたはその時点でできる最善の判断をしたと信じましょう。人の命は、生まれたときに決まっています。命が長くても短くても、精一杯生きられたなら、命を全うしたことになるのです。

お悩み

親が仲違いしたまま亡くなってしまいました

親と口げんかして、傷つけてしまいました。その後、仲直りをする機会のないまま急に亡くなってしまい、気持ちの持って行き場がありません。なんであのとき、もっと話し合うことができなかったんだろう。

「生前の父親と仲が悪かった」という女性からこんなお話を聞いたことがあります。お父様が急死された後に、お父様が彼女をどれだけ大切に思い、期待をかけていたかを親族から聞かされたそうです。「振り返ると、私と父は性格に似たところがありました。だからこそ父は私に期待をかけてくれたのでしょうし、私は自分に似ている父が疎ましかったのだと思います」

親子というものは、似ているからこそ愛し合える側面と、似ているからこそ憎らしい側面の両方があります。例えば、自分の分身のように感じられるのに、自分のように振る舞わないのが、気に入らないということも。親子の関係は、かように複雑です。一方で「死別」という機会が、そうした心情をリセットしてくれることがあります。

「生前はけんかばかりしていたのに、見送った後は嫌な思い出は全部消えて、いい思い出ばかり。本当にいい人でした。今は寂しくてなりません」。そんな話をお檀家さんからよく聞くのです。亡くなって、二度と会えないと思うと冷静になれる部分があるのでしょう。

あなたの場合は、「突然の別れ」だったことも後悔を強くしているのだと思います。私たちは、家族と離れて暮らしていても、心のどこかで「親の死に目に会いたい」「子どもに看取ってもらいたい」と期待しています。現実には、多くの方が自宅ではなく病院で亡くなるのですが、それでも、死に向かう時間をともにし、胸のうちを語り合う機会があったかどうかで、看取りの納得度が変わります。

それは「心の相続」でもあります。ここでいう相続とは、お金や家など、形あるものだけではありません。その人が歩いてきた人生の道のりや、そこから学んだ経験を次の世代に伝えることもまた、相続なのです。親子が一緒に暮らしていると、心の相続は時間をかけて行われていきます。しかしあなたは、心の相続を受ける時間がありませんでした。後悔の大きさは、そのせいもあるのでしょう。

しかし、あなたの心のなかにまだ故人の記憶が残っているなら、救いはあります。

古来より日本では「故人と対話する」習慣がありました。身体は失われても、魂となって存在している故人をどこかで感じ、心のなかで生かそうとします。例えば、お墓参り。墓石を磨いて、お花と水を供え、お線香を手向けたら、静かに手をあわせる。そのとき、私たちは心のなかで故人に語りかけずにはいられません。

「最近、こんなことがあったんだよ」

「お父さんは、あのときどんな気持ちだったの？」

「お母さんは、私にどうしてほしかった？」

故人から言葉が返ってくることはないとわかっていても、伝えたいことが溢れてきます。

それは、大切な人を見送った悲しみを癒やしつつ、自分の生き方を見定める時間となるでしょう。また、それは故人から心の相続を受ける時間であるともいえるのではないでしょうか。

仏壇も本来はそのためにあるのです。近年、日本の家屋から仏間が消え、仏壇も姿を消しつつあります。これは故人との対話の場が消えたのと同じこと。残された人の思いのやり場がなくなるということでもあります。だからこそ、故人を偲ぶ場を大切にしてほしいと私は思います。現在では、リビングに置ける小さなサイズの仏壇もあります。御位牌がそこにお祀《まつ》りされているだけでも、故人の気配を感じることができるでしょう。

故人を相手に語り続けてください。仏壇を前に、手をあわせてください。

禅思考

亡くなった後でも「心の相続」はできます。故人と語り合う時間をつくりましょう。お墓参りも、仏壇の前で手をあわせることも、残された人たちの心の平穏と、これからの人生のためにあるのです。

お悩み

介護がつらくて親を傷つけてしまいます

親を在宅で介護しています。要介護度はまだ低いですが、できないことが増えるにつれ、親も私も互いに苛立つことが増えています。これからも支えていきたいと思っていますが、「こんなに尽くしているのに」と、つい親を傷つける言葉を口にしてしまうことがあります。

昔から「子ども叱るな来た道、年寄り笑うな行く道」と申します。子どものいたずらにいちいち目くじらを立ててはいけない。自分もかつては同じことをしていたのだから。お年寄りのものわすれや、身体が不自由な様子を笑いものにしてはいけない。いずれ自分も老人になるのだから。そう思えば、思いやりのある立ち振る舞いや言動ができるかもしれません。

しかしながら、言うは易し、行うは難しです。

親の介護、夫婦間の介護など、介護のかたちもさまざまですが、状況は個別に違い、「こうすればいい」と一般論で語ることができません。

ただ、介護離職や介護うつなど、介護にあたる方々の献身ぶりを伝える報道を見るたび、本当に頭が下がる思いがするのは、私だけではないでしょう。要介護度が低いことは、介護の苦労が軽いことを意味しているわけではありません。きっとあなたは、十分すぎるほどのことをしている。心身ともに想像を超える責任のなかで、介護にあたっているのだと思います。

まず申し上げたいのは、あなたが受けられる介護のサポートは、最大限に利用していただきたいということ。

しかしその前に、自分の時間の多くを介護に割いている、あなた自身の疲れをケアしなくてはなりません。

今あなたは、消耗しきっています。この事実から、目を背けてはいけないと思います。どんなに愛情深く、誰かを大切に思っていても、体力的・精神的に余裕が失われていると、感情のコントロールもきかなくなるのです。もちろん、何かひどいことを言ったら「ごめんね」とすぐに謝ることも大切ですが、同時に、自分自身に対するケアを、忘れていただきたくありません。

1分でも2分でも、意図的に、介護から解放される時間をつくりましょう。

もし、ひどい言葉を口にしそうになったら、わずかな時間でもいいので立ち止まることです。状況が許すならば、親から物理的な距離をとるのがいい。口を開いて相手を傷つけてしまうより、黙って離れることです。そのわずかな「自分の時間」もとれないなら、窓を開けて外の空気を部屋に入れ、深呼吸をしましょう。人がイライラしているときは決まって、呼吸が浅く早くなっています。丹田呼吸を意識し、呼吸を胸からおなかに落とすと、心が穏やかになります。

丹田呼吸のコツがつかめない、あるいは丹田呼吸もできないぐらい感情が激している場合は**「空を見上げる」だけでも構いません。**

最近、空を眺めた覚えがありますか。

現代人は、ＰＣやスマホの画面に視線を落としている時間が長く、空を見上げる機会がすっかり減りました。これでは心が塞いでいく一方です。

「そんなことで何が変わるんだ」と疑う方もいるかもしれませんが、騙されたと思って空を見上げていただきたい。抜けるような空の雄大さ、おおらかさは、私たちの胸にたまっている澱のようなものをはらってくれるでしょう。「ああすればよかった、こうすればよかった」という悔いが軽くなり、「過去のことはもう変えられない、今できることを精一杯やろう」と、また前を向けるのです。

「誰家無明月清風《たがいえにかめいげつせいふうなからん》」という禅語があります。これは、明月や清風がない家はないという意味です。空も同じく、誰にでも与えられている救いの一つ。それを愛でない手はありません。


空と並んで、禅が大切にしているものに触れておきましょう、それは「月」です。

禅が月を大事にするのは、月が悟りの象徴だからです。月のたたずまいは清らかで、塵も埃もついていません。


私たちの心、つまり「本来の自己」もまた、月のようにあるべきでしょう。前述のように、生きていると自我や妄想、執着というものが心を覆います。これは簡単に振り落とせるものではありません。しかし、そうした負の感情ごしの世界しか目に映らなくなれば、ますます自我、妄想、執着は分厚いものになる。私はこの状態を「心のメタボ」と呼んでいます。だからこそ、私たちはときおり月を眺めては、本来の清らかな心のありようを取り戻そうとするのでしょう。

「月」という文字を含んだ禅語も、さまざまです。

例えば「水急不流月《みずきゅうにしてつきをながさず》」。どれほど水が激しく流れていても、そこに映る月は流されることはありません。同じように私たちも、どのような状況に置かれても、その本質を変えないでいられるはずです。

「掬《きく》すれば月手に在り」という禅語もあります。はるか遠くの空に浮かぶ月はしかし、どこにいても私たちが手で水を掬《すく》えばその手のなかに映り込んでくれます。これは、誰の心のなかにも美しい仏性が備わっていることの、例えです。そう、**あなたの心にも仏は宿っている。そのことを、月は思い出させてくれるのです。**

禅思考

必要なのはあなた自身のケア。わずかでも、介護から解放される時間をつくりましょう。空を、月を、見上げましょう。

嘘をついたり、見栄をはってしまった

お悩み

見栄をはって自分を盛ってしまいます

給料が高くないのに無理をしてブランド品を身につけ、ＳＮＳにアップしています。「素敵！」と言われると嬉しいですが、「いつかバレるかも」と思うと、気が気ではありません。いつまでもこの生活は続けられないとわかっているのですが。

自分をよく見せようと見栄をはったり、知ったかぶりをして顰蹙《ひんしゅく》を買ったり。嘘つきというほどではないかもしれませんが、必要以上に自分をよく見せようとしているのは、確かだと思います。

「そんなことしないよ」という人もいますが、本当にそうでしょうか。

例えば、SNSが発達した今の時代、幸せそうに見せるために、投稿を「盛る」ことはありませんか。

インスタグラムやフェイスブックに、わざわざ食事の写真を投稿する。写真の角度や照明にこだわり、少しでもより美味しそうに見せることに心を砕く。あるいは、話を面白くしようとして尾ひれ背びれをつける人も、いるでしょう。

「それで人が楽しんでくれるんだから、それでいいじゃないか」

「誰にも迷惑をかけてないんだからいいじゃないか」

とする意見もあろうかと思いますが、どこかで無理をしている感は否めません。「盛りすぎたなぁ」「今さらもとには戻せないなぁ」と少しでも感じているなら、後ろめたさが心に影を落としている証拠です。

現代は「盛る」ことが日常茶飯時になっています。なぜ盛るのかといえば、自分を今の自分よりもよく見せたいという意識が、根底にあるからではないでしょうか。それは、「ありのままの自分を見せたくない」「ありのままの自分には価値がない」という心情の裏返しです。

対照的に、禅の思想は「ありのまま」を説くものです。

禅では「欠くること無く過ぐること無し」といいます。これは、ありのままの姿には欠けているものも過ぎているものもない、という意味。わかりやすくいえば、「飾らず生きるのが一番」という教えです。道元禅師も「眼横鼻直《がんのうびちょく》」という禅語を残しました。直訳すれば「眼は横に並び、鼻は縦にまっすぐついている」という意味。そんなの当たり前だろう、と言いたくなりますが、その当たり前を認めるのが難しい。だからこそ道元禅師は、

「ありのままの姿を、ありのままで受け止めること。そうすれば心を乱すことなく生きていける」

と説きたかったのだと思います。

人からどう思われようと、ありのままの自分に正直に生きることが、禅が考える「幸福」のありかた。何も飾らず、そのままの自分で、生きたらいいのです。

お手本があるとしたら、それは野山に生きる動物や草花たちです。何も隠さず、ありのままの姿で、生涯を全うしているではないですか。人間もそのように、ありのままの姿で生きることです。

ただし、盛らない自分は、要するに長所どころか短所も露《あら》わになった姿ともいえます。それが人前で裸になるようで恥ずかしい、みっともないという気持ちになる人がいても、不思議ではありません。しかし、盛れば盛るほど、現実の自分とのギャップは大きくなるのです。それをごまかし、取り繕いながら生きるのは、心身を著しく消耗させるに、違いありません。

どうすれば、ありのままの自分を見せられるようになるのでしょう。

それは「自分のなすべきことを、着実に積み重ねていく」に尽きます。そうして実績がついてくれば、自慢話などしなくても、周りの人はあなたをちゃんと認めてくれるでしょう。

「結果自然成《けっかじねんになる》」という禅語があります。なすべきことをなせば、結果は後から自然とついてくるのです。

そうした確かな実績があれば、SNS上で顔も見えない人たちからの称賛を集める必要など、ありません。

裏を返せば、実績の裏打ちのない賞賛など長続きはしないでしょう。SNS上の評判が、5年、10年と続いた試しがあるのでしょうか?

それに、あなたは本心では、誰かの賞賛など欲しがってはいないのだと思います。あなたが求めているのは、ありのままの自分を自分が好きになること、認められることではないですか。それに比べれば、他人からの賞賛など、おまけにすぎません。自分が他者からどう見られているかより、自分が自分をどう見ているかのほうが、ずっと大切なのです。

だったら、自分で自分の頑張りを褒めてあげましょう。

ポイントは、褒めのハードルを思い切って下げることです。小さなことで構いません。例えば「朝、二度寝をしない」と決めてそのとおりに実行する。「1日1回、丹田呼吸をする」と決める。「言いにくいことも我慢せず人に伝える」。それができたときは「よくやった！」と自分にご褒美をしましょう。「大好物のアイスクリームを買って帰る」でも「新しい服を買う」でも結構です。何事かを成し遂げた自分を褒めてあげてください。夜眠る前に「今日も頑張った」と声に出すだけでも、実感が湧いてきます。

そう、**褒めすぎるぐらいでちょうどいいのです。**なんといっても自分を褒めるのは「慣れ」がいります。特に、大人になって働き始めると「もっと頑張れ、まだまだ足りない」といった周囲からの要求の声も大きくなりますから、自分でも「こんな小さなことで喜んでいたらおかしいよね」と気恥ずかしさが勝ってしまうのです。

それでも、自分で自分を褒める習慣を1ヶ月でも続けられたら「自分にもできるんだ」という手応えが得られます。その1ヶ月が、半年に延び、1年に延びれば、他でもないあなたがあなたの頑張りを認められるようになるでしょう。

褒めは、慣れです。

禅思考

あなたが本当に必要としているのは「誰か」の称賛ではないはず。あなたが、あなた自身の頑張りを認めて、自分を褒める習慣をつけていきましょう。

お悩み

嘘をついて仕事をしている気がします

営業という仕事に誇りを持てません。その商品を欲しがっていない人に押し売りをしているような気がしてしまいます。目先の利益のために、もっと大切なものを失っているのではないかと感じています。

営業の仕事は、自社製品を通じて、顧客の課題を解決することに尽きます。つまり、顧客の利益が最優先であり、そのためには顧客のニーズを聞き出し、自社製品について説明し、そのメリットを明らかにする必要があります。

決して、口八丁手八丁で「商品を売り込む」のが本来の営業のありかたではない。そのことは、あなたもきっと理解されているのだと思います。

ときおり罪悪感が生じるのは、例えば「自社製品では顧客のニーズを満たせない」と薄々わかっているケースなどでしょうか。

極端な例ですが「こんなことできますか?」と顧客に問われて、できもしないのに「できる」と答えようものなら、罪悪感で済む話ではありません。契約が成立した後になって真相がわかれば「話が違うじゃないか」とクレームがつき、営業としても会社としても信用はガタ落ちです。一時的に営業成績が上がったとしても、失った信用の大きさを考えれば、傷は致命的です。

やはり営業たるもの、顧客の前では、正直に立ち回るほかないのだと思います。「この製品にできるのはこれだけ」と事実を伝えることから逃げてはいけません。

ただし、本当に顧客の利益を最優先に考えるなら「その先」のことまで考えられないでしょうか。可能ならば「オプションの部品をつけることで対応できますが、いかがでしょう」などと誘導するのも、一つの手です。

あるいは、明らかに自社製品では顧客のニーズに応えられない場合は、思い切って「他社の製品を紹介する」という選択肢もあります。

私の知る限り、腕のいい営業担当者のなかには、「うちではできません」「この商品ではご期待に添えません」など、ネガティブな情報を口にすることを、ためらわない人が少なくないのです。もちろん自社製品が売れるに越したことはないですし、会社からは「早く結果を出せ」とプレッシャーをかけられてもいるでしょう。また、正直に説明することで上司に怒られる場合もあるかもしれません。しかし、顧客の利益を第一に考えるなら、ときに自社の利益を手放すことも必要だと判断できる。それは、こうした姿勢がビジネスにおいて何より大切な「信用」につながることを、よく知っているからだとも思います。

いわば「損して得とれ」。一時的には損失かもしれませんが、長い目でみれば、それが仏教でいう「徳」＝善行になり、より大きな得につながることがあるのです。

そうして「あの人の言っていることは間違いない」「あの人は信頼できる」と評価されたなら、また別の機会に「そういえば、あの人に相談してみようか」と、顔を思い出してもらえるかもしれません。

会社によって得意・不得意がある以上は、顧客の期待に応えられないことがあるのは仕方がありません。

それでも、例えば「当社の製品は大企業向けの機能と価格なので、中小企業のお客様には負担が大きいと思います」などと、正直に伝えることです。

それができれば、後ろめたさを感じることはありません。短期的な企業の利益を手放すかわりに、顧客の利益と、長期的にみたときの自社の信用＝利益を守れるのですから。

また、そうして手に入れた「信用」は日々の仕事ぶりを変えるでしょう。モノが溢れた現代においては、単に高性能だったり安価だったりするだけでは、お金を出して手に入れたいと人々は思わなくなっています。かわりに価値をますます高めているのが信用です。「この人の言うことなら、間違いない」と信じられる人に、人はお金を支払いたいのです。ひとたび顧客の信用を得た営業担当者は、既存の顧客から新たな顧客を紹介されるかたちで、加速度的に実績を積み重ねていきます。

顧客に対し誠実に振る舞うこと、自社にとっての利益を追求することのバランスは難しいですが、目の前の顧客に利益にもたらす行動は、長期的にみれば会社の成長と矛盾はしないはずです。

この「損して得とれ」ができず、目先の利益を追求した結果、最悪の事態を引き起こした例が、偽装や粉飾などの不正行為ではないでしょうか。そこに嘘やごまかしがある限り、ビジネスにおいて何より大切な信用は得られない。そのことを身をもって学べたのなら、あなたの罪悪感も無駄ではなかったと、納得できるかもしれません。

禅思考

自分を不誠実だと感じるなら、ためらわず「小さく損をする」という選択肢を持ちましょう。それが「徳」になり、より大きな「得」になって返ってきます。

お悩み

家族に内緒の借金があります

家族に伝えていない借金があります。隠していたのは、家族に心配かけたくない、迷惑をかけたくないという思いからですが、返済のため、家族みんなで生活を少し切り詰める必要があるかもしれません。

とにもかくにも、つくってしまった借金は1日も早く返済しなければならないというのが大前提です。放置する期間が長くなればなるほど、利子が雪だるまのごとく膨らみ、いよいよ返済が困難になります、家族の協力を得られるなら、それに越したことはありません。

それに「家族の知らないところで」つくった借金であっても、この先ずっと隠し通すのは難しいでしょう。あなたの振る舞いに異変があれば気づかれる可能性が高いですし、債権者から郵便物が届いたり、督促の電話がかかってくることもあるのです。「バレたらどうしよう」と心配をするよりも、必ず「バレる」ものと考えて、今から対策を練るのが得策だと思います。

「禅即行動《ぜんそくこうどう》」という禅語があります。禅は「とにかく今すぐ動きなさい、動けば不安は消える」と説くのです。「バレたらどうしよう、怒らせたらどうしよう」「住宅ローンはどうしよう、子どもの進学に支障が出たら…」などと頭で悩んでいるうちは何も始まりません。

しかし動けば始まり、何らかの結果が出るのです。そうすれば、何をすれば状況が改善するのかも明確になり、また次の行動ができる。こうして動き続けていれば、不安になっている暇もありません。「動く」のが不安の種を取り除く最良の方法です。

あなたの家族があなたの借金にどんな反応を示すかも、打ち明けてみなければわかりません。ならば、せめて自分の口から、一刻も早く、包み隠さず、借金の状況を話すことです。

家族は怒り、幻滅し、悲しむかもしれません。何にお金を使っていたのか、これからの家族の生活はどうなるのか、本当にそれで借金は全部なのかと、すべてに疑いの目を向けられるかもしれません。家族はあなたを責め、借金の額によっては見放されることもあるかもしれません。

それでもなお、借金を隠しているより、事態は着実に改善に向かっています。家族が何を心配しているのか、何を怒っているのか、どうしたらその状況を脱することができるのか。何も明らかでなかった暗闇に、一筋の光明が差し込むからです。

ここからは、私の推測です。

家族が借金について、もっとも不安なのは、「借金を返済できるのか、これからの生活を維持できるのか」ではないでしょうか。

そうであるならば、借金の返済計画をまとめ、「これから見込める収入で、これぐらいの生活ができるから、安心してほしい」と言葉を尽くして説明することです。借金前と同様の生活水準を保つわけにはいかないかもしれません。しかし「知足按分《ちそくあんぶん》」という禅語もあります。たとえ生活費が少なくなろうと「これしかない」と覚悟が決まれば、やり繰りのしようがあります。ないよりはあったほうがいいのがお金ですが、たくさんあれば幸せになれるとも限らないのがお金です。分を知ることが、心安らかに暮らすコツ。知足按分を我がものとする、いい機会としましょう。

ただ、家族の不安はもう一つあるのではないでしょうか。

それは、家族に隠しごとをしていたあなた自身です。「なぜ、もっと早く打ち明けてくれなかったのか」と思わないではいられないでしょう。

もしかすると、理由に後ろめたさがあったのかもしれません。確かに「浪費のため、ギャンブルのため」というなら、家庭内で居場所を失いかねません。一方「ビジネスを拡大しようとしたが、顧客が倒産して負債を背負わざるを得なくなった」「仕事のことで、家族を心配させたくなかった」といった理由ならば、一定の理解を示してくれる可能性はあります。

いずれにせよ、確実に言えるのは、隠しごとをされて不信感を抱かない人はいないということです。

「明歴々露堂々《めいれきれきろどうどう》」という禅語があります。これは、すべてが隠すところがなく露わになっているという意味です。何も飾らず、ありのままの自分で生きるのが一番いい。また、本当の自信、本当の安らぎというものは、自分をさらけだすことで養われていきます。そして家庭は本来、人が「露《ろ》」になれる場であり、休息の場であり、悩みを共有できる場であってほしい。あなたも、家族も、そう願っているのではないですか。そのかけがえのない場を、自ら手放すような真似は、厳に慎んでいただきたいのです。

禅思考

「禅即行動」。「動く」ことが、不安の種を取り除く最良の方法です。その上で、周りの人の不信感を払拭できるよう、行動で示しましょう。

お悩み

リストラにあって家族とギクシャクしています

「家族より仕事優先」で生きてきましたが、昨年、会社を解雇されました。その情けなさや、再就職がうまくいかないイライラから、きつい口調で家族にあたってしまいます。心配してくれているのはわかっているのに、胸のうちを話せません。

コロナ禍では特にそうでしたが、リストラは「自分の努力では避けられない」側面が強くあります。あなたがいかに頑張ろうと、業績が傾けば企業は給料カットやリストラという選択をするかもしれません。となると、リストラはあなただけを対象としたものではない。

それは個人の努力では、避けがたいものです。立派な父親像や家計の担い手としての自分を失うことに、不安を感じるのも、仕方がない。しかし、そこで「なんでこんなことに」「自分が何か悪いことをしたのか」といった思いにとらわれると、就職活動にも身が入らないでしょう。あなたに必要なのは、この事態をまず受け入れることです。そして、自分にできることは、全部やる。ハローワークに通う、人づてに職を紹介してもらう、時間のあるうちに資格の勉強をする。この逆境を嘆くのではなく、よりよい人生を手にするための糧としましょう。

「放てば手に満てり」という道元禅師の言葉を思い出してください。手放した分だけより素晴らしいものが満ちてくるのです。人は何一つ持たずに生まれてきます。以来、これまで多くのものを手にしたではないですか。**きっと「どうにかなる」のです。**


あなたの場合、仕事を言い訳に後回しにしてきた「家族」に向き合う時間も、意識的にとったほうがよさそうです。

もしかすると、あなたはまだ、家族に心配をかけまいとして、あるいは格好つけようとして見栄をはっているのではないでしょうか。

しかし「心配してくれているのはわかって」いて、それに申し訳なさを覚えているのなら、正直に気持ちを話していいと思うのです。きっと、あなたは家族から「仕方がないよ」と許してもらいたがっている。「一緒に頑張ろうよ」「焦らなくていいよ」と励ましてもらいたがっている。それなのに、平気なふりをするのは、驕りというものです。あなたはすでに、一人で立ち直れる状態ではありません。

そうであるならば、家族の前で協力をお願いすること、そして感謝を伝えることだと思います。「転職活動の結果が出るまで、まだ時間がかかると思う。でも、自分も頑張っているから、もうしばらく見守っていてほしい。心配してくれて、ありがとう」と。目の前に味方がいるのに、一人黙って苦しむことはないのです。それに「申し訳ない」と思うと身も心も萎縮しますが、「ありがとう」と口にすると、家族のために頑張ろうという思いで、力が湧いてきます。

もしも、家族と会話することそのものが難しい、気持ちがすれ違ってしまうという人には、一つ提案したいと思います。

それは、週に一度だけでも、家族全員で食卓を囲むことです。

家族は、あらゆる人間関係の「原型」のようなものだと、私は思います。その家族が壊れかけているのが今の時代です。両親は共働き、子どもたちも学校や塾で忙しく、同じ時間に食卓について同じ食事をとることさえ、難しくなっています。

これでは家族がバラバラになるのも避けられません。

家族であっても他人どうしであることには変わりなく、ただ一緒に暮らしているだけでは互いを理解し合うことなど不可能です。互いに話し、理解し合うといっても、最大でも6割程度伝わるのがせいぜい。残り4割は家族でも伝わらない、関われない部分でしょう。しかし、その6割が「いざ」というときに救いになるのです。

その6割をつくるためにも、ともに食卓を囲む時間を持ちたい。「同じ釜の飯を食う」それが家族関係の立て直しにつながると思うのです。

何か話すといっても、いきなりリストラの話題を持ち出さないほうがいいでしょう。最初はぎこちなくても、触れ合う機会が増えれば「最近、こんなことがあってね」と、家族がしていることや考えていることを聞き、近況を知ることができるようになります。そうやって、日々の小さな出来事や困りごとを共有するのが当たり前になると、大きな問題が起きたときにも「実はさ…」と話しやすいのです。

触れ合う時間が増え、あらためて家族が互いを知るようになれば、その時間は「露」でいられます。何も隠さずに済むようになります。裏を返せば「今日は何があった、これがあった」という日常のささいなことを共有する習慣がないのに、リストラについて打ち明けるのは無理筋というもの。

家族の再生は、食卓から始まるのです。

禅思考

家族に自分の気持ちを急に打ち明けるのは難しいこと。まずは「同じ食卓を囲む」ことから、家族をやり直しませんか。

お悩み

やりたい仕事から目を背けています

やりたい仕事が別にあります。ただ、家族もいるので生活レベルを落とせないし、これまで一緒に働いてきた同僚たちを裏切る気がして、今の仕事にとどまっています。自分の気持ちに嘘をついている気がして、モヤモヤしています。

他人に誠実である前に、自分に誠実であるべきだと思います。

今、自分の生き方に後ろめたさを感じているのなら、後ろめたさが消える生き方を選んだらいい。そこで「家族がいるんだし」「給料だって悪くないし」などと取り繕うから、後ろめたさが尾を引くのです。

自分に誠実になれない人は、他人に対しても誠実ではありません。自分に嘘をついている人は、そんな自分を大切に思ってくれている他人をも欺いているのですから。

誠実であること。それは、言葉でいうほどたやすいことではないかもしれません。ですが、後ろめたさのない生き方というのは、長い目でみれば、結局のところ「楽」なのです。

なぜなら、それが禅でいう「本来の自己」が望む生き方だからです。本来の自己とは、自分のなかにいる「もう一人の自分」であり、塵も埃もついてない清らかな心のこと。仏教ではそれを「仏性《ぶっしょう》」と呼び、「一切衆生《いっさいしゅじょう》、ことごとく仏性あり（誰の心にも仏が住んでいる）」と説くのです。

本来の自己に問いかけることで、あなたが本当に望む人生のありようが見えてきます。本来の自己が、あなたの人生について語る言葉を聞くのです。そもそも坐禅とはそのために行うものだと申し上げたら、驚くでしょうか。「坐」という字は、「土」の上に「人」が2人、対峙している姿を表しています。その2人がすなわち、今の自分と本来の自己＝清らかな心なのです。

本来の自己と出会うためには、何をしたらいいのでしょう。そう尋ねられたならば、「朝晩に自問自答する時間を持つことです」と申し上げるのですが、自問自答をする「場所」が実は肝心です。

われわれ僧侶には本堂がありますが、一般のお宅にはお仏壇があります。そのような、自分の心の「拠り所」になるような場所で、自問自答するのです。

お仏壇がなければ、ご先祖様や故郷の写真、神社やお寺のお札、自分の尊敬している人の本などもよいでしょう。それを前にすると素の自分に戻ってしまう、心が澄んでいく、そういう類のものです。

そこは、自分の心が裸、つまり「露」になれる場所です、仏様（故人）を相手に、嘘や隠しごとができる人はいないでしょう。注意したいのは、心を露にしないままで自問自答をしても、内なる仏様の声は聞こえてこないということです。前述のとおり、人は生きているうちに自我や妄想、執着などが心を覆っていきます。禅ではそれらを、心の塵や埃と呼んで嫌います。自問自答の前には、塵や埃をはらい、心を露にしなければなりません。

心を露にし、仏性を取り戻したら、こう自問自答してください。

「自分は、ありのままの自分が望む人生を、生きているだろうか？」

「自分が歩むべき道から、外れてはいないだろうか？」

そのとき、心のなかの仏様が「否」と答えるような生き方をしてはいけません。内なる仏様が褒めてくださるような生き方を、選ぶことです。

それができれば「誰にどう思われても構わない」「自分の人生はこれでいいんだ」と、泰然自若の構えでいられるでしょう。

禅思考

自分に誠実になることが重要。心のなかの仏様が「否」と答えるような生き方をしてはいけません。内なる仏様が褒めてくださるような生き方を選ぶことを「誠実」というのです。

お悩み

「いい人」を演じてしまいます

人に頼みごとをされると、断れません。内心では断りたいときも「いい人」のイメージを壊したくなくて、つい笑顔で引き受けてしまいます。本当の自分を隠して、いい人ぶっている自分に嫌気がさします。

自分の意見を飲み込み、「いい人」を演じることは、前のお悩み同様、自分にも他人にも誠実とはいえません。では、「いい人」と思われたいという気持ちの裏には何があるのでしょう。同僚とうまくやっていきたい、好かれていたい、自分が「いい人」であるということで安心する、そんな思いでしょうか。また、頼りにされて嬉しい気持ちも、その期待を裏切ってはならないという責任感もある。多少無理をしても恩を売っておいたほうが、自分も頼みごとをしやすくなるという打算もありそうです。

ただ、今の状況があなたの納得のいくものなのか、もう少し考えてみたほうがいいと思います。

あなたは確かに「いい人」と思われることで安心感を得ることができるかもしれま

せん。しかし、その実態は、大勢にとって「都合のいい」人として、いいように扱われてはいないでしょうか。それは職場におけるあなたの評価を高めていると本当に言えるのでしょうか。

「いい人」とは、「誰かにとってのいい人」でしかありません。その姿かたちは、接する人ごとに異なるでしょう。その人に嫌われたくない、否定されたくない、怒られたくないと思うたびに、異なる「いい人」像を演じる羽目になります。そんな環境では、安心して長く働けないのでは？

では、どうすればいいのでしょうか。これはシンプルに「迎合しない」ことだと思います。相手の顔色をうかがって、相手次第で態度を変えるなど、「都合のいい人」どころか、はっきり言って「信頼のおけない人」ではないでしょうか。自分の仕事が忙しいのに他人の仕事を引き受けるのも、もともと任された仕事に割ける時間が減るという意味で、無責任だと思います。

「今なら手が空いてるから手伝うよ」と気持ちよく言えるなら構わないと思います。しかし、相手の機嫌をとるように安請け合いするのはやめましょう。

その結果、「なんだ、今日は冷たいね」などと、嫌味を言われることもあるかもしれませんが、そんな人こそ「都合がいい人」を求めているだけです。人間関係で一番大切なのは「お互いさま」で信頼し合えることです。そのためには頼まれごとも、頼んだり・頼まれたりの「半々」が、居心地がよい。どちらか一方の負担が増えては、もう仕事仲間とはいえません。

当然ながら、自分の仕事が立て込んでいるときも「お手伝いはできません」ときっぱり線を引くべきです。そんな余裕はないのに仕事を引き受けた結果として期日までに仕上げられなかったら、2人ともマイナス評価を受けてしまいます。

相手にどう思われるかが心配なら、断るときの理由を丁寧に説明することでしょう。「自分の仕事の納期も迫っているので、手伝えません」と、はっきり言われたら、相手もすんなり諦めがつきます。

また、手伝うときも「自分の今の仕事量だと、2時間分は手伝えます。しかし、それ以上はご容赦ください」などと「これぐらいなら」という目安を伝えるのがいいでしょう。残念ながら、世の中には頼みやすい人を目ざとく見つけて、仕事を押し付けてくる人もいます。そうした相手への牽制の意味も込めて、断るにも引き受けるにも、理由を隠さず伝えるのが望ましいと思います。

禅思考

誰にとっても「いい人」は、「都合のいい人」。それでは他人に利用されるだけです。自分にも他人にも誠実になり、頼り・頼られる「お互いさま」の関係を育てましょう。

第3章

「自分」にとらわれない

やめたいのにやめられない

お悩み

お酒もたばこもやめられません

いい歳をして、お酒は飲みすぎるし、たばこもやめられません。若い人はお酒離れ、たばこ離れが進んでいますし、自分と同年代の人間も禁酒・禁煙に成功しています。なんだか肩身が狭くて、コソコソしています。

ストレスがたまっていて、お酒がやめられない、たばこがやめられない。あるいは、食べすぎをやめられない、SNSをやめられない。「やめたいのにやめられない」こうした症状は、一般的には依存症と呼ばれるのでしょう。

もし、心身の健康が脅かされるほど深刻な状態であれば、躊躇なく医療機関を頼り、適切な治療や支援を受けることをおすすめします。

ただし、大前提に立ち返って考えると、お酒もたばこも、一般的によくあるストレス解消の手段であるはずです。

確かに身体にいいとはいえませんし、世の中がアルコール離れ、たばこ離れの方向に進んでいるのも確か。あなたが「肩身が狭い」のも、そんな周囲の迷惑にならないようにという気遣いがおありだからでしょう。しかし飲酒も喫煙も、あなたに認められた当然の権利です。飲みすぎない、人に強制しないなど一定の節度を保って楽しんでいるなら、いいではないですか。自分を責めることはないと思います。それに、罪悪感を抱えながらでは「満たされる」ということがないでしょう。その反動で、かえってお酒やたばこの量が増えるという悪循環にもなりかねません。

ならば、お酒やたばこでストレスを解消しているのだと、前向きにとらえることは、できませんか。

もし、お酒でもたばこでもストレスが解消できていない場合、お酒やたばこを「きちんと美味しいと思えていない」可能性を考えてみるのもいいかもしれません。

試しに目を閉じて、お酒ならお酒だけ、たばこならたばこだけに意識を集中して、大切に味わってみてください。

「喫《きっ》茶《さ》喫《きっ》飯《ぱん》」という禅語があります。お茶を飲むときは、お茶を飲むことに心を集中し、お茶そのものになりきった気持ちでいただくこと。ご飯を食べるときも同様に、ご飯を食べることにのみ意識を向け、ご飯そのものになりきるよう努めること。それができると、スマホを見ながら、おしゃべりに興じながらの「ながら食い」ではわからなかった美味しさが、五感に伝わることでしょう。

お酒も、ガブガブ飲むのをやめ、一口ずつ味や香りをかみしめながらいただくと、飲みすぎ防止になるとか。どのような体験も「今、この瞬間」に意識を集中させることで、見違えるように豊かなものに変わるのです。

「やめられない」というからには、本来はお酒もたばこもお好きな方なのでしょう。できもしない我慢は、「また飲みすぎた、誓いを守れなかった」といって自尊心を傷つけるだけで終わります。

それよりも、お酒もたばこも十分に楽しみつつ、適量におさめる工夫をするほうが、あなたらしい人生だとはいえないでしょうか。

忙しさのあまり、食事もたばこもゆっくり味わう余裕がないという人もいると思います。それでも、最初の一口だけでも目を閉じ、全身で味わうことです。「小欲知足《しょうよくちそく》」という言葉もあります。「もっと、もっと」という欲を小さくして足る（満足する）ことを知りなさいという意味です。少量でも「ああ、美味しかった」と満足できるなら、「もっと、もっと」は消えるはずです。

ただし、念のため繰り返しますが、健康のため禁酒・禁煙が必須な人、あるいは依存度が高く自分の意志ではどうにもならないという人は、医療機関などを頼るべきだと思います。それはもしかすると、あなたにとって気が進まないことかもしれません。というのも、ある種の依存は、その人にとって生き延びるための大切な手段であることも多いのです。その場合、依存対象を取り上げられたら苦しくなりますし、また別の依存対象に移るだけです。

つまり依存をやめるというのは、たんにその行為をやめれば済む問題ではない。そのような依存先を必要としない、新しい生き方を手にする必要があります。

あなたにとって、お酒を飲まない生き方、たばこを吸わない生き方がどのようなものになるか、それは私にもわかりません。

しかし、禅では「逃げようがないもの、避けようがないものは受け入れるしかない」

と考えます。それも斜に構えず、真正面から受け止めて乗り越えること、それが自分の成長につながるとします。そうであるならば「やる」以外に道はない。その道を「嫌だ、嫌だ」とトボトボ歩むのか、「新しい自分を手に入れるためだ」と力強く歩むのか。あなたの生き方が問われています。

禅思考

やめられないことを嘆くよりも「喫茶喫飯」です。ゆっくり、しかし全力で味わうことで、たった一口のお酒でも満足できるかもしれません。

お悩み

「明日から頑張ろう」を繰り返しています

「明日から頑張ろう」と決意するのですが、明日になれば「疲れてるから、明日からでいいか」。毎日「明日から頑張ろう」を繰り返していて、成長の跡が見られません。

私が知る限り、「明日からやめよう」「次から改めよう」という考え方の人が、本当に何かをやめたり、始められたりした試しがありません。

「この一箱を吸い終わったら、禁煙する」「明日からスナック菓子を絶って、ジョギングもしよう」。いずれも虚しい決意に終わるでしょう。**頑張れる人は「今」から頑張れる人、それ以外にはありません。**明日もまた、疲れた、休みたいと思うかもしれない、そうしたらまた、明日その「今」から頑張ることです。

以前、薬物依存からの回復を目指す人たちが、「依存症は完治しない。今日やめる、それを毎日繰り返すだけ」というお話をされているのを聞いたことがあります。今日やめたからといって、明日我慢できるとは限らない。「今日やめる」という決意を繰り返すしかないのだ、というのです。

この考え方は「前後際断《ぜんごさいだん》」という禅語にも通じています。曹洞宗を開いた道元禅師が、こんな言葉を残しました。

「たき木、はひとなる、さらにかへりてたき木となるべきにあらず。しかあるを、灰はのち、薪はさきと見取すべからず。しるべし、薪は薪の法位に住して、さきありのちあり。前後ありといへども、前後際断せり。灰は灰の法位にありて、のちありさきあり」（『正法眼蔵』の「現成公案」）

直訳すれば「薪は燃えて灰になる、灰になったら薪に戻ることはない」となるのですが、もう少しわかりやすく嚙み砕いてみたいと思います。

私たちは日々暮らしていると「昨日が今日になり、今日が明日になる」という1本の時間の流れのなかで生きているかのように考えがちです。しかし、道元禅師が言いたかったのは、昨日は昨日として、今日は今日として、明日は明日として完結しており、つながってはいないということでしょう。

そうであるならば、私たちがするべきは、過去を悔やむことも、未来を恐れることもなく、「今、この瞬間」をひたむきに生きることではないでしょうか。

道元禅師に限らず、禅はとにかく「今、この瞬間」を全うすることが生きる価値であると、繰り返し説いています。

「即今《そっこん》・当処《とうしょ》・自己《じこ》」という禅語も、言わんとしているのは同じことです。即今は「今この瞬間」、当処は「自分がいる場所」、自己は「自分が」の意味です。

つまり即今・当処・自己とは、今この瞬間、自分がいるその場所で、できることを精一杯やること。**今日生きていることは、明日も生きていることを保証してはくれません。**「明日からでいいや」というときの明日がこないこともある。やはり、何をするにも「今」しかないのです。

これから頑張ろうと思うなら「今」から頑張る。お酒をやめようと思ったら「今」やめる。その決意に背いてだらしなく過ごしてしまっても、再び「今」から頑張る、「今」からやめる。**そのような「今」の積み重ねのほかに、私たちにできることはないと心得ましょう。**

禅思考

「前後際断」。始めるのも、やめるのも「今、この瞬間」以上の好機はありません。

お悩み

嫌な記憶を繰り返し思い出してしまいます

はるか昔の恥ずかしい記憶を、何度も何度も反芻してしまいます。「こんなことしても苦しいだけ」とわかっているのに、歯止めがききません。

「一休さん」の愛称で知られる一休禅師に、こんな逸話があります。

一休さんが弟子を連れて町を歩いていると、どこからともなく、うなぎを焼くいい匂いがしてきました。

「美味しそうだな」と一休さんが呟くと、弟子の一人が「仏道を生きる者がいけませんよ」と咎めたそうです。しかし、その弟子もうなぎの匂いには抗えなかったのでしょう。寺についてから「うなぎ、食べたかったですね」ともらしました。

そこで一休さん、笑ってこう言いました。

「まだうなぎに取りつかれているのか。わしは、あの場にうなぎの匂いを置いてきた」

一休さんは、お酒を飲み、肉を食べ、女性も好きだった「破戒僧」でもあります。人間らしい欲を持ち、うなぎの匂いにも心が揺れるのです。しかし、常人と異なるのは、その気持ちにとらわれないこと、その気持ちを引きずらないことでした。

一休さんは、いわゆる「気持ちを切り替える」のが上手な人です。

一方で、気持ちを切り替えるのが下手な人がいます。人間関係がうまくいかない、仕事でミスをした、あんなことしなければよかった。そんな思いが、何年もわだかまってしまう。

繰り返しになりますが、**後悔する時間は、自分が犯した過ちの原因の「検証」にあてましょう。**それが気持ちの切り替えを促します。

ただ、「忘れたいことを反芻してしまう」というのが、無意識のうちの習慣になってしまうと、それを塗り替えるのに時間がかかるかもしれません。反芻するたびに記憶が強化されて、いっそう思い出しやすくなっていることでしょう。

そこで「あ、また同じことを考えているな」と気づいたら、「身体を動かす」ことにしましょう。

といっても、スポーツをしないといけないと思うと億劫です。禅の考え方からいえば「掃除」が一番です。それも、全力で掃除をし、没頭することです。少なくとも、その間は頭を空っぽにでき、記憶が反芻されることもありません。

さらに、掃除がいいのは、やればやっただけ確実にその場所がきれいになること。不思議なことに、空間がきれいになると、心に降り積もった塵や埃まで一掃されたようで、気持ちが清々とするのです。「一掃除、二信心」という言葉があるぐらい、禅が掃除を大切にするのはそのためです。嫌な記憶がぶり返したら、何をおいても掃除です。嫌な記憶ごと片付けてしまいましょう。

もっとも、あまり時間をかける必要はありません。

例えば「5分だけ」と時間を限定して、目の前で散らかっている仕事机を整理する、デスクトップにある使わないファイルやフォルダを削除する。あるいはキッチンだけ、玄関だけ、本棚だけと、場所を限定する。それだけでも効果はてきめんです。ただし「全力で」を忘れずに。

禅思考

思い出しそうになったら、身体を動かしてみること。禅は「一掃除、二信心」。掃除に没頭すると、気持ちが切り替わります。

嫌なことから逃げてしまう

お悩み

距離を置きたいママ友とつきあい続けています

すぐに他人の悪口を言うママ友がいます。できれば上手に距離をとりたいのですが、ママ友づきあいのメリット・デメリットを考えると、ママ友グループから仲間外れにされるのも怖くて、つい悪口に同調してしまいます。

昔よりも近所づきあいが難しくなりました。そもそも人間関係が希薄ですし、さらに夫婦共働きだと、ご近所と顔をあわせる機会も少ないでしょう。特に都市部では「同じ地域で暮らしている」以外の接点が、なかなかありません。

それでも「ママ友」は子どもという共通点があります。同じ保育園、同じ学校に通う子どものママ友どうしなら、がぜん距離が近づきます。

子育ての楽しいことや困ったことを共有し、助け合える関係が築けるなら、ママ友がいることはとても心強いはずです。ただ、ママ友であったとしても性格はそれぞれ違い、「相性が悪い」相手もいると思います。ご近所の噂話をすることで仲良くなろうとする人もいれば、それを「陰口」として嫌う人もいるでしょう。それでも「子どもどうしが仲良くしているなら」と、ママ友どうし関わりを絶ちにくいケースもあるのだと思います。それで、気が重いなと思いながら、渋々ランチをしたりお茶をしたりすることになるのです。

困るのは、いったんグループの一員になると、そこから抜けにくいということだと思います。ママ友に限ったことではありませんが、一度群れをつくるとそこから仲間外れになる怖さを感じるようです。

例えば会社でも「気が進まない飲み会だけど、仕事がしにくくなるのも嫌だし、顔を出しておくか」となるわけです。しかし、そうした群れをつくると安心するのか、ここぞとばかりに悪口を言う人が出てくる。また悪口を言い合うと、秘密を共有したような気持ちになり、群れの親密さが増す傾向があるのだとか。これは、なかなかやっかいです。その場はやりすごすことができたとしても、悪口を言われた当人の耳に「○○さんも一緒になって悪口を言っていた」と入ったら。そう思うと気が滅入ります。

さて、どうしましょう。ママ友がいるメリットが明らかだとしても、特定のグループから抜けるには意識して距離をとるしかないと思います。そうして、だんだん声をかけられることが減っていき、つきあいからフェードアウト、というのが理想です。

本来、人づきあいにおいて、メリット・デメリットを考えること自体、あまりおすすめしたいものではありません。

禅においては、誰かと出会うことは奇跡的なめぐり合わせであり、そこには「縁」の力が働いているから、選り好みせずにただ感謝をするべきだ、とされます。また、損得を優先するということは、好き・嫌いといった自分の気持ちをごまかすことにもなり、なんとも窮屈です。

しかし、どのような縁を選ぶかで人生が大きく変わるのも事実です。いい縁はいい縁を呼び、良縁の連鎖が起こる一方で、悪い縁を結んでしまうと悪い縁が続き、歯止めがききません。人の悪口を言う人とつきあっていると、悪口を言う人ばかりが寄ってきますし、思いやりのある言葉をつかう人とつきあっていると、同じように穏やかな人たちが集まってくるでしょう。

こうした縁の力は、一度発動したら個人がどうこうできるものではありません。付け加えるなら、悪口を言う誰かのことを変えようとしても無駄でしょう。他人というものは、常にコントロールが不能なもの。この世の中で、思い通りになるのは「自分」のみです。

ですから、できるだけ早いうちに「このグループからは離れる」という意思を表明することです。ただし、いきなり「縁切り」したり、相手を「敵」扱いすると、「なによ、あの人…」と悪感情を持たれて、今度はあなたが悪口の対象になるかもしれません。ここは、距離をとる理由を明らかにしながら、感謝の言葉を押し出し、相手が笑顔になるような別れを目指しましょう。

「誘ってくれてありがとう。でも、しばらく趣味の○○を学んでみたくて。これからは、○時以降は、あまり時間がとれないかもしれません」

理由もなくグループから離れようとするから反発を招くのです。そこに説明できる理由と感謝の言葉があるなら、そう文句が出ることはありませんし、ママ友も笑顔が出るでしょう。それに、ママ友とはいえ「違う人間どうし」です。敵をつくる必要はありませんが、かといって味方を増やす必要もない。「ちょっと、ドライかな?」と思うぐらいのつきあいで、十分です。

「こんなこと言ったら、嫌な顔をされるかな?」と、ビクビクする必要はありません。

「これが私という人間です」と堂々としていればいいのです。

禅思考

良縁は良縁を、悪縁は悪縁を呼びます。誰かと距離をとろうと思ったら、早めが吉です。しかし、敵をつくらないよう「感謝」を忘れずに。

お悩み

先延ばし癖が治りません

やりたくない用事を「先延ばし」にする癖があります。目の前に楽しそうなことがあると、ついそちらに流れてしまいますが、思い出して不安になったり、後で焦ったりを繰り返しています。

先延ばし癖は本当にやっかいです。「疲れたから後にしよう」「他の用事を片付けてからにしよう」。これらは避けたい現実や不快な状況に直面したくない気持ちから生じるものでしょう。しかし、そのままで済むとは本人も思っていないので、罪悪感がありますす。そのために、「早く手をつけなければ」「でも、もう少し休んでから」「ああ、もう時間がない、どうしよう…」と際限なく考え続けることになり、消耗していく。休んでいても遊んでいても、心は晴れないでしょう。

私は「大変なものからおやりなさい」と申し上げるようにしています。どうせやらなければならないものなら、逃げている場合ではありません。

よって、解決策は「先憂後楽《せんゆうごらく》」です。読んで字のごとく、先憂後楽とは、苦労や困難なことから先に取り組み、それが済んでからゆっくり楽しむことを意味しています。例えば、「昼寝してから用事に取り掛かるのではなく、用事を終わらせてから昼寝をする」「ミスをしたら、挽回よりも先に、上司に報告しよう」。こんなふうに、何か行動を起こすのに理由を求めず、とにかく「憂鬱なことを先に済ませる」と決めるのです。

忙しくても、疲れていても、「できないかも」という不安があっても、それを先延ばしにする言い訳にしては、いけません。

要は「禅即行動」で、あれこれ考える前に動くことです。一歩踏み出すのが億劫なら、半歩でもいい。1時間動くのが面倒なら、5分でもいい。それだけで、気持ちに弾みがつき、「よし、このまま全部片付けてしまおう」となるかもしれません。

禅思考

「先憂後楽」。休んでから動くのではいけない。5分でも動いてから休むのです。

お悩み

予定通りに仕事が終わりません

気づくと予定通りに仕事が終わらず、期日を延ばすなど、周りに迷惑をかけてしまうことがよくあります。他の人に申し訳ないと思うと同時に「他の案件で、忙しかったから仕方ない」と言い訳する自分にも嫌気がさしています。

「忙しい、忙しい」と言っている人ほど、時間を無駄遣いしているような気がするのです。さまざまな用事に追われているようで、実は行動を起こしていないのではありませんか。手を動かす前にあれこれ心配している間に「やり残し」ばかりを積み上げているから、締切間際になって慌てるのです。

言い方を変えると、時間に追われるばかりで、時間を主体的に使っていません。

唐の時代の趙州従諗《じょうしゅうじゅうしん》という禅師の言葉に「汝は十二時に使われ、老僧は十二時を使い得たり」というものがあります。

十二時とは、今の24時間のこと。禅師は弟子に対して「おまえは時間に使われているが、私は時間を使い切っている。時間に対する取り組み方、姿勢が違うのだ」と説いたのです。

ここでいう「時間に使われる人」があなたでしょう。「この用事を○時までに終わらせる」と決めないでいるからダラダラしてしまうのです。これでは作業にあてられる時間も少なくなり、終わらせるのが精一杯になる。「時間はたくさんあったのに、仕事の出来が悪いな…」となるのは、そういう理屈です。

反対に、「時間を使い切る人」は、やると決めたことをそのとおりにやる人です。ダラけようと思えばいくらでもダラけられるところを、「午前中はこれとこれ、お昼休みを1時間とったら、午後はこれとこれ」と勢いよく用事を片付けていきます。つまるところ、時間内に終わらせるべきものを終わらせないから心の余裕がなくなり、「忙しい、忙しい」と気が急くのです。

言うまでもなく、1日24時間はどの人にも平等に与えられた資源です。違いがあるとしたら、時間の使い方しかありません。

私が思うに、特に重要なのは朝の過ごし方です。朝の時間を上手に使い切ることができれば、その勢いを保ちながら1日を過ごせるからです。

第一には「今より30分早く起きる」ことです。それも、忙しいときほど早起きを心がけましょう。目が覚めたら窓を開けて新鮮な空気を取り込み、深呼吸。それから食事をゆっくりとると「今日もやるぞ！」という意欲が湧いてきます。逆に、出社ギリギリまで布団のなかにいて、朝食抜きで家を飛び出すようだと、心の余裕どころではありません。

それから、大切な用事ほど朝一番にやることを強くおすすめします。朝は頭も体もフレッシュな状態で、何をするにも効率がいいのです。大切な用事や面倒な用事も、朝のうちに終わらせてしまいましょう。

裏を返せば、午後には大変な仕事を残さないことです。ただでさえ、疲労がたまる午後は仕事のペースが落ちるものです。午後に楽ができるよう、朝のうちにスパートをかけておきましょう。

そういえば「大きな決断をするなら、夜より朝が適している」と話す経営者が少なくありません。夜の闇は人間を不安にさせる性質があり、取るに足らない問題でも深刻に考えてしまうからです。その点、朝日を浴びながら考えると前向きに判断できるというのです。

夜は何も考えず、身体と心を休める時間。そう考えれば、夜に面倒な用事を持ち越すわけにはいきません。朝からの過ごし方もおのずと決まるというものです。

禅思考

時間に使われるのではなく、時間を「使い切る」ことを意識しましょう。特に朝の過ごし方は、心の余裕を大きく左右します。

自分を大事にするのが怖い

お悩み

休みに何もしないとダメ人間な気がしてしまいます

週末は何もせず休みたい。でも、いざゲームをしたりSNSを見たりとダラダラするだけで1日を終えると、「ああ、ダメ人間…」という気がしてきます。

せっかくの休みなのですから、自分の好きに過ごせばいいものです。それにもかかわらず「ダラダラすると罪悪感を感じる」とは、私のような年齢の人間には、にわかには信じがたいこと。しかし、休んでいると「ダメ人間」扱いされる風潮は、確かにあるようです。こんなご時世がくるとは想像もつきませんでした。

マグロやサメのように、生まれたそのときから死ぬときまで休むことなく動き続ける必要がある生物とは違い、人間は休息なしに活動することはできません。ここでは「適切な休息をとりさえすれば、長時間活動を続けられる」のが人間である、というふうに、前向きにとらえてみてはいかがでしょうか。

長い階段に「踊り場」が設けてあるように、人生にも踊り場が必要です。10段上がったら小休止、また10段上がったら小休止。このように休憩を挟むことで、体力を温存しながら、さらに上を目指せるのです。休むことに罪悪感を覚える背景には、「他の人が生産的なことをしているのに、自分だけ休んでいると非難される、置いていかれる」という不安もあるのかもしれません。しかし**「動き続けるために休む」のなら堂々と休めばいいのです。**どうせダラダラするなら「本当は○○したほうがいいのに」などと考えず、「明日から頑張るために、今日はダラダラするぞ！」と宣言してからダラダラしたほうが、気持ちよくダラダラできます。

ただし、「休む」こと自体の困難さは見逃すわけにはいきません。

例えば一日中「スマホ漬け」だった人が、目の休養のためにとスマホを取り上げられたら、5分ともたずにソワソワし始めるでしょう。また、仕事に全身全霊で打ち込んでいた人が突然休みを与えられても、読書や映画、スポーツといった娯楽に意識を向けられるかどうか。おそらくは、仕事以外のことにエネルギーを向ける余裕すら、失っているのが現実だと思います。

そういう人が、本当に何もしないでいると、不安が不安を呼び、穏やかではいられません。では、どうするか。そういうときは、「何もしない」休みにするよりも、身体を動かしながら休むほうがいいのです。

私は、休みがとれると決まって、お寺の境内の「草取り」をします。草取りというのはなんの面白みもない単純作業ですが、単純作業だからこそ、頭を空っぽにでき、気がつくと時間が過ぎている。それがなんとも心地がいいのです。

草取りでなくても構いません。コツは、身体を動かしながら一つのものに没頭すること。禅語にも「一行三昧《いちぎょうざんまい》」という言葉があります。これは一つのことに集中するという意味です。なかでも、黙々とできる「単純作業」が、頭と心を休めるには特に効果的です。

そう思うと、家の中にもさまざま見つけられるのではありませんか。例えば、平日の間にためこんだ片付けや掃除、洗濯といった「家事」は、そうした単純作業の宝庫のよう。料理もそうです。「パンをこねていると無心になれる」「キャベツを千切りにしていると、時間を忘れる」という人もいます。あなたにも、「〇〇をしていると、つい時間を忘れてしまう」ことはないでしょうか。それは、あなたなりの「一行三昧」なのです。

ちなみに、修行中の僧侶は休みらしい休みをもらえません。それは行住坐臥、生活することそのものが修行だという禅の考えがあるからですが、かわりにあるのが「四《し》九日《くにち》」です。

四九日は、爪を切ったり、髪を剃ったり、縫い物をしたりする日で、昔はお風呂も四九日にしか入れませんでした。やることがたくさんあるため休日とはいえませんが、こうして身を整えると心も整い、翌日からまた、新たな気持ちで修行に向かえるのです。無為な休日を過ごすことに罪悪感を覚える必要はありません。禅の教えを生活に取り入れることで、休息もまた豊かな経験となるでしょう。

禅思考

これからのあなたのために今休んでいるのです。ただし「一行三昧」。何もしないでいるより、黙々と身体を動かしていたほうが、頭と心が休まります。

お悩み

時短勤務が精神的につらいです

育児のために時短勤務をしていますが、上司や同僚に迷惑をかけている気がしてしまいます。「ごめんなさい」と口にすることが多くなりました。

忙しそうに残業している同僚を横目に、自分だけ先に帰るのが後ろめたい。上司に仕事量を調整してもらうのも、迷惑がられていないかと顔色を気にしてしまう。そんな声を確かに聞くことがあります。

育児も介護も社会的に大きな課題です。時短勤務はそのために導入が義務付けられている制度であり、要件さえ満たせば誰でも取得できます。企業側も、この人手不足の時代にあっては、優秀な人材が育児や介護を理由に離職するより、短い時間でも働き続けてくれたほうが助かるはず。

ただ「そうはいっても」というのが、あなたの悩みなのでしょう。当事者なら、上司や同僚が内心どう思っているか気に病むのは当然のこと。またサポートする周囲も「時短勤務をしている人の仕事が減る分、自分の負担が増えている」といった新しい悩みが生じています。

どうすれば、皆が気持ちよく「支え合える」のでしょう。

第一には、**時短勤務は「今」必要な働き方なのだと理解すること**だと思います。それは育児のためであり、勤務時間が短くなった分、遊んでいるわけでは決してないのです。時短勤務は単なる個人の都合ではなく、育児という社会が求める重要な役割を果たすためにある。こうした目的意識が明確かどうかで、心持ちは大きく違うはずです。

また、つい口にしてしまいがちな「ごめんなさい」という言葉も言い換えができるのではないでしょうか。

仕事を分担してもらったときや、子どもの急な病気で早退しなければならないときは、素直に周囲を頼るべきだと思います。しかし、そのとき口にするべきは、**謝罪の言葉ではなく、感謝の言葉**です。「ごめんなさい」より「ありがとう」のほうが、相手も嬉しいですし、自分の心も温かくなります。

さらに言えば、あなたも今は「支えられる」側だとしても、いずれは「支える」側にまわるのです。あるいは「支える」側の人も、いつ「支えられる」側になるかわかりません。それがこの世の真理です。

目の前の同僚に迷惑をかけている、その償いができないと思うと苦しくなりますが、いつかフルタイム勤務に復帰したときに、今の自分と同じ時短勤務をしている誰かを助けてあげることは、できるのではないですか。

仏教の根本には「諸法無我《しょほうむが》」という考え方があります。世の中のすべての物事はつながりあって、単独で成り立つものは一つもない。人もまた、誰かに生かされ、誰かを生かしてもいる。つまり、私たちは皆「おかげさま」で生きているのです。時短勤務はそのことに気づく機会だと思えませんか。

諸法無我という考え方は、今「支えられている」人のみならず、今誰かを「支える」側にいる人にこそ、伝えたいことでもあります。

これまで時短勤務を経験したことがない人が、自分が「支える」ばかりで損をしているという気持ちになるのもわかります。しかし、今は人を支えるだけのあなたも、いずれは支えられる側になるときがくるのです。自分が病気やケガをしたとき、介護をするときなど、長く生きていれば必ず誰かに助けられ、諸法無我のありがたさが胸に迫るときがきます。

われわれは常に助け合い、関係性の中に生き、生かされてきた。これまでもそうですし、これからもそう。その「ありがたさ」に思いを馳せましょう。

それに、誰かを支えるために頑張るあなたの姿を、他の誰も見ていなくても仏様だけは見ています。

仏教では、こうした行いを「徳を積む」といい、なかでも自分の素性を伏せて行う「隠徳《いんとく》」がもっとも素晴らしいとされます。

普通の人なら「私のおかげであなたは助かっている」とアピールしたくなるところですが、仏教ではこうした煩悩を手放すことをすすめます。それが、一点の曇りもない、仏のように清らかな心に近づく手段だからです。大丈夫、仏様はあなたの頑張りを、心配りを、ちゃんと見ています。徳を積むほど、後でいいご縁を回してくださいますから、心配はいりません。他人にいいことをすれば、いずれ自分にいいことが返ってくるのも、諸法無我のなせるわざです。

それでもなお「誰かのために損している」という気持ちが芽生えたときは、「徳を貯金しているのだ」と考えることにしましょう。損とはただ失うことですが、徳を貯金しているのだと思えば、自分にも得るものがあります。多くの〝徳貯金〟ができれば、もしものことが自分に起きたときも、遠慮なしに頼れるというもの。それは損とはいえないはずです。誰かの幸せのため、そしてあなたの幸せのために、徳を積むことです。

禅思考

「ごめんなさい」よりも「ありがとう」を伝えましょう。今誰かに支えられているあなたが、誰かを支えるようになる日が、いずれやってきます。誰かを支えている側のあなたは、今は徳を貯金していると考えましょう。

お悩み

一人になりたいと思って、いざ一人になると落ち着きません

家族や友人と一緒にいる時間も大切に思っていますが、「たまには内緒で休暇をとり、一人のんびり過ごしてみたい」と思うことがよくあります。でも、休んでも結局、「みんな働いている」「子どもは大丈夫かな」と落ち着きません。

どれだけ愛と尊敬に満ちた人間関係であろうと、そこに助け合いがあろうと、「逃れられない」という一点がある限り、苦しみが生じることがあります。SNSがストレスの原因になるのも同じ理由からでしょう。一人でも多くの人とつながっているのが良いことであり、孤独は悪いこと。そんなイメージがつきまといます。

これと真っ向から対立するのが、禅の考え方です。人は生まれるときも、旅立つときも一人であり、一人であることが自然なのです。しかし同時に、人は一人では生きてはいけない生き物でもあります。集団に属していないと不安になりますし、家庭での安らぎはかけがえのないものです。

人は本来一人である。しかし一人では生きていけない。この矛盾を生きていくには

どうしたらよいのでしょう。

答えは、社会のなかで豊かな人間関係を築いて「孤立」することなく暮らしつつ、「孤独」を自ら味わいにいくことだと思います。

そのとき、孤独は最高に贅沢なものとなります。孤独が贅沢であるとは、にわかには信じがたいかもしれませんが、こんなふうに考えてみてください。

例えば、家族や同僚に恵まれているありがたさを噛み締められるのも、一人きりの時間のなかにあります。そこにいない誰かを思うと、いつもそこにいてくれるありがたさが、胸に迫るのです。また、自分がこれから歩んでいく道を見定めるにも、情報過多な社会に背を向ける必要があります。

「犀《さい》の角《つの》のようにただ独り歩め」

お釈迦様はそう言いました。これは、お釈迦様なりの「孤独のすすめ」なのだと思います。**そうした孤独な時間のなかでこそ、あなたという人間は回復し、または新たに形成され、確立されていくのです。**その時間が寂しいものであるわけがありません。一人の時間を過ごすときは、他の人のことを考えて不安や寂しさに目を向けるのではなく、普段のありがたさを噛み締めましょう。

現代では、そもそもどうやって孤独な時間を手にするかが、問題になる人も多いでしょう。もちろん一人で外出できるなら言うことなしですが、あらたまって休暇をとろうと思うと、機会を逃します。

普段街で暮らしているなら、週末は自然のなかに身を置いてみてはいかがでしょう。早朝の、まだ周囲に人が少ない時間帯に、近所の公園を歩くだけでも気持ちがいいものです。自分の来し方行く末について思索にふけるにも散歩はぴったりです。

また、家には家族が、職場には同僚がいるとしても、家と職場を往復する時間は孤独になれるはずです。いつもは皆で食べているランチをたまには一人で味わうのもいいでしょう。

「白雲抱幽石《はくうんゆうせきをいだく》」という禅語があります。

空には白い雲が浮かび、幽玄な巨石を優しく抱いている。寒山《かんざん》という唐の時代の僧侶が、隠遁生活を過ごした風情を詠んだものです。ここには、孤独の寂しさなど微塵も感じられません。

現代に暮らす私たちは、そのような悠然とした景色を一人楽しむ機会は持てないかもしれません。しかし、身体がどこにあっても心は孤独に、自由になれるのです。寒山のように孤独を満喫しているあなたの姿が、目に浮かびます。

禅思考

一人は禅では素晴らしいこと。一人の時間は、不安や寂しさに目を向けるのではなく、周りの人のありがたさや自分のこれからに目を向けましょう。孤独と寂しさは無関係。最高の「贅沢」である孤独を積極的に求め、味わいましょう。

自分に無力感を感じる

お悩み

とにかく何もうまくいきません

仕事もプライベートも、うまくいかないことばかりです。もう、どうしていいのかわかりません。自分は何か悪いことをしたんでしょうか？

何をやっても裏目裏目、部屋でふて寝していたくなる。「人生は山あり谷あり」というときの「谷」にはまってしまっているのでしょう。相当落ち込んでいるご様子です。

しかし、こういう時期は、誰のところにも避けがたくやってくるものです。

そして幸いにも、谷のあとには山がやってくるのも、人生の定めです。ずっと良いことが続くこともないかわりに、悪いことだけが続くこともありません。

人生は「行雲流水《こううんりゅうすい》」。空を行く雲や川を流れる水のように、人生もまた姿を変え続けるのです。つらい時期も「放っておけば、また良くなるだろう」と、動じないでいたいものです。

そうはいっても谷底を行く苦しさは否めないと、あなたは言うかもしれません。しかし、そこでクヨクヨしていても始まりません。

こうは考えられないでしょうか。谷底での経験が、あなたを一回りも二回りも大きく成長させてくれるのだと。山登りも、谷が深いほど、山頂にたどり着いたときの感激はひとしおです。眺望の素晴らしさを全身で受け止めて「ああ、ここまで頑張ってきてよかった」となるわけです。大変な時があるから、良い時の喜びが大きくなることを、私たちはよく知っています。

ただし、そこで「こんなにも何もかもうまくいかないのは自分のせい。自分に何か悪いところがあるんだ」と思うと、足どりが重くなり、心も縮こまります。そんな理由など、考えたところで、見つかるはずがありません。

「災難に逢う時節には災難に逢うがよく候。死ぬ時節には死ぬがよく候。是はこれ災難をのがるる妙法にて候」。

これは江戸時代の禅僧良寛《りょうかん》さんが、大地震にあった知人への見舞い状にしたためた言葉です。

災難に遭うときは、ただ遭えばいい。死ぬときがくれば、ただ死んでいけばよい。それに抗おうとするから気持ちが折れるのだ。何が起ころうと素直に受け入れること。さすれば心がかき乱されることもない。

被災した知人に送るにしてはずいぶんと酷にも思えますが、確かにこれは禅の精神を伝える言葉です。**避けようのない災難に見舞われたら「なぜ」を問うより、まずは受け入れるのが先決。**受け入れると、気持ちが前に向きます。物事に対して斜に構えずに、真正面から受け止めて成長できる人間になることです。それができると、周囲の人が似た状況で落ち込んでいるときにも「その気持ち、わかるよ」と共感したり、「こう考えてみたらどうかな」と助言することができる。人の気持ちがわかるようになり、人間に厚みが出てきます。

また、こうも言えます。良いことばかりが続くと、何事も「ありがたさ」が薄れて「当たり前」になり、感動も色褪せてしまう。そう考えると、私たちの生きる喜びは、うまくいかない時期や、何をどうしていいのかわからない時期と、分かちがたく結びついていることがわかります。もがきながら、しかし諦めずに、一歩ずつ谷底から山頂を目指していくほかありません。なすべきことをなす、一生懸命に生き抜く。それができれば、人生はすでに上出来です。

言い換えれば、人生の谷底ほど「ありがたさ」を学ぶ絶好の機会もありません。実は修行中の僧侶もそうなのです。修行中は「もう嫌だ、やめたい」といった雑念が生じる余裕もないぐらい、1日1日を過ごすので必死です。満足に食べられない、寝られない、足を伸ばせないという生活が延々と続くからです。

栄養失調で脚気になり、3ヶ月もすれば10キロは簡単に痩せてしまいます。身体もきついですが、精神的プレッシャーも相当なものです。今はだいぶ緩くなりましたが、昔は怒鳴られ叩かれが普通で、自分の思い通りになることなど一つもありませんでした。

しかし、そうした時期を経ると、確かに心は変わるのです。好きなときに寝られる、疲れたときに横になれる、足を伸ばせる、喋ることができる、そういう当たり前のことがなんとありがたいのかとしみじみ感じられるのです。これまでずっと目の前にあり、当たり前に思われていたことが、自分の心次第で「ありがたい」ものに変わる。その瞬間に世界は見違えるものとなるのです。

例えば、仕事がうまくいかないと言いつつも、ご飯はちゃんと三度食べられること。毎日安全な場所で、柔らかいふとんで眠れること。家族みんなが健康で、元気で暮らしていること。悩みを打ち明けられる友人がいること。

人生の谷底で、あなたが享受している「ありがたさ」を数えてみてください。何もかもうまくいかないなんて、とんでもない。これでもう十分、ありがたい。そう思えたら、今この場所から、心に温かいものが満ちるでしょう。

禅思考

何もかもうまくいかない理由を探すのではなく、まず受け入れること。人生の谷底ほど、「ありがたさ」を学べる機会はありません。

お悩み

苦しむ友人にかける言葉が見つかりません

友人が重い病気で苦しんでいるとき、自分にできることはあるでしょうか。かける言葉が見当たらず、無力感と申し訳ない気持ちでいっぱいです。

例えば、家族や配偶者が重い病気を宣告されたとき。あなたが医者なら、どんなふうに苦しいかを患者に尋ね、検査をし、治療法を探っていくのでしょう。

しかし、医者ではないあなたは、その病気を治療することはできず、友人の苦しみを代わってあげることもできない。その無力感は、本当に心を苛むものです。

一人苦しみを抱えている友人を前に、あなたにできるのは、おそらく「寄り添う」ことだけです。しかし「寄り添う」とは、一体なんでしょうか。

ときにそれは、ひたすらに友人の話に耳を傾けることかもしれません。あるいは、何も語ろうとしない友人の横にいるだけで、心優しい支援になることもあります。人が本当に苦しいときは、それを言葉にするのにも時間がかかるのです。このように、深い苦しみのなかにいる人に対する接し方は一様ではありません。それこそ「そっとしてあげる」ことが一番のいたわりになることもあります。

いずれにせよ人の苦しみというものは、「こんなときは、こうすればいい」と、マニュアルを用意できるものではないと思います。それが他人の苦しみの場合は、なおさらです。どんなときにどんな言葉をかければいいのか、手を差し伸べればいいのか、そっと見守ればいいのか、わからない。確かなのは、そこに唯一の正解はないということだけ。きっと、友人の苦しみを１００％理解することは不可能です。安易に「あなたの苦しみがわかるよ」という態度をとれば、「お前に何がわかるんだ」と拒絶されることさえ、あるでしょう。


それでも、相手を理解しようと努力することはできます。自分を理解しようと努力してくれる人の存在は、友人にとっても心の支えになるはずです。

そんなとき、頼りになるのは自分のこれまでの経験なのだと思います。

「おのれの欲せざるところ、人に施すことなかれ」とは、孔子の言葉です。この言葉には、人づきあいにおいて欠かせない「恕《じょ》」の精神が表れています。恕とは人を思いやり、慈しむ心のこと。あなた自身、人からされて嫌だったこと、嬉しかったことが、きっとあるでしょう。まずは、「嫌だったことをしない、嬉しかったことはする」と、心に決めることが大切です。自分が生きてきた人生すべてが、そこで試されることになります。

自分が苦しかったときのことを、思い出してください。すると、何も知らない人からのアドバイスが鬱陶しく感じられたこともあったのではありませんか。うちのお檀家さんの一人が「会社の同期や友人の親が亡くなったとき、どう声をかけていいかわからなかった」とおっしゃっていました。

しかし一方では「自分の親を見送ってみると、遺族の気持ちがわかった。どう声かけをしたらいいか、わかった」とか。何事も自分が経験していないと、他人事のように感じられるのは仕方がないことです。何か「いいことを言おう」としても相手の心には届きません。病気や生死のことについては特にそうでしょう。それでも、自分の経験したことを思い出しながら、相手の言葉を自分事のように受け止め、ともに悲しみ、ともに喜ぶこと。これこそ、道元禅師が説いた「同事《どうじ》」です。

自分の経験が不足している場合は、相手の目や仕草、言葉尻から、胸のうちを察するほかありません。だとしても、あなたが無力かというとそうではないと、私は思います。友人の苦しみを理解しようという努力は、あなたにもできるからです。例えば、自分の話をせず静かに相手の言葉を待つのもそうした努力の一つでしょう。相手からの言葉があれば、わからないながらも受け止めて「それってこういう意味？」と問いかけるのもそうです。かける言葉が見つからないときは「かける言葉が見つからない」と素直に伝えてもいいと思います。友人を思いやるあなたの気持ちは、気のきいた言葉などなくても、必ず伝わります。

覚えておいていただきたいのは、かける言葉が見つからないときに、余計な言葉はいらないということ。

考えてもみてください。慈悲の象徴として厚い信仰を集める観音様《かんのん》が何をしているかというと、「ただ、そこにいる」だけです。「かん」は「観る」、「のん」は「音」で、音を見る。これには、相手の心の声を聴くという意味があります。つまり観音様とは、相手の心のうちを推し量り、悩みに耳を傾ける仏様のこと。その眼差しは、私たちの苦しみを自分のことのようにとらえ、救おうとしている「慈眼《じげん》」の眼差しをしています。

ただ、そばにいること。それだけで友人の病が癒えるはずもありません。**しかし、苦しみのただなかにいる人にとっては、自分の苦しみを理解しようとしてくれる誰かがいて、その眼差しが優しい光を宿していることが、救いになることがあるのです。**

禅思考

あなたに人の病は癒せません。それでも、人の苦しみを我がことのようにとらえる「慈眼」の眼差しが、誰かの魂を救うことがあります。

お悩み

友人が若くして亡くなり、むなしさを感じます

親友が若くして亡くなりました。「まだやりたいことがたくさんあるんだから、死ねないよ」と言っていたのに。特に夢も目標もない自分が生きていて、彼が亡くなったことが割り切れません。

「もし、今も元気で生きていたら、あの人は何をしたいと思うだろう」そんなふうに、考えたことはありますか。

その人の身体はもう、この世から消えてしまいました。しかし、その人の記憶はまだ、あなたのなかに残っています。

仏教には「人は二度死ぬ」という考え方があります。一度目の死は、生まれ落ちたときから定められていた命が尽き、身体を失ったときの死。二度目の死は、残された遺族や近親者、生前親しくしていた人たちの心から故人の記憶が消えたときの死です。これは「たとえ肉体は滅んでも、人々の心に残る限り、生き続ける。二度目の死は避けられる」ということを意味します。

そう、残された人たちには役割があります。それは故人を心のなかで生かし続けること、二度目の死から救うことです。家にお仏壇が置かれたのもそのためです。一日一度はお供えをして、お線香をあげ、手をあわせる。それは心のなかにいる故人と言葉を交わし、故人を生かし続けるためにほかなりません。

「まだやりたいことがたくさんある」という親友を見送ったあなた。残された人は常に、大切な人の死をいかに受け入れるか、その悲しみをどうすれば癒やせるのか、その後の人生をどう生きるのかという問いを、突きつけられています。しかし同時に、残された者の大事な務めを忘れてはいけないのです。亡くなった親友を自分の心のなかに宿し、ともに生きることです。例えば、故人を知る人間が集まり、故人の思い出を語るのも、そうした務めの一つです。

故人との間に「思い残し」があるのだとしたら、それをあなたが果たすのもいいと思います。

私は以前、配偶者を亡くされた方に「故人がまるでそこで生きているように暮らしてはいかがですか」と申し上げたことがあります。例えば、故人が大好きだった音楽を一緒に聴く。毎年足を運んでいたイベントに参加する。故人の写真と一緒に、食事をする。こうした心遣いをしていると、故人が生前と変わらない姿でそこにいるような気配を感じられるから不思議です。

私たちは、故人とだって「ともに生きる」ことができる。そうすることで、故人を「生かし続ける」ことができるのです。

そうした日々のなかで、無力感や悲しみは少しずつ癒えていきます。残された人たちのやるべきことも見えてきます。

人生について何を基準に「良い・悪い」と言えるのか、私にはわかりません。しかし一つ言えるのは、旅立つ前に「もう、生き切った。良い人生だった」という納得を、私たちは欲しがっているということです。

今のあなたは夢も目標もないのに対し、あなたの親友は、「まだ、やりたいことがあるのに」と悔いを残して、旅立っていきました。その姿から何を学ぶのかは、あなたの自由です。しかし願わくは、あなた自身がこれから、悔いを残さない人生を生きていただきたい。「亡くなった人の分まで生きる」とは、そういうことだと思います。

禅思考

故人とともに生きること。それは、故人を生かし続けるための、残された人たちの務めでもあります。いずれ無力感が少しずつ癒え、あなた自身の生きる糧となるでしょう。

自分自身に振り回されてしまう

お悩み　子どもが嫌いになりそうな自分が嫌です

子どもが反抗期です。愛情をたっぷりかけ大切に育ててきたのに、感謝されるどころか、最近は何か言うと「うるさい」「関係ないだろ」ばかりです。あまりひどい言葉が続いたときは、さすがに子どもが憎たらしくなり、自分が嫌になります。

「親の愛は絶対である」という大前提があると、愛情が揺らいでいる自分を許せなくなります。そのとき心に生まれる葛藤は、決して異常なことではありません。誰もが経験しうる自然な感情です。むしろ、親子という距離の近い関係だからこそ、なおさら葛藤するのだと、考えるべきでしょう。

無論、子どもの成長や幸福を願う親が大半だと思います。しかし、子どもは成長するにつれて、きわめて密接な親子関係から距離をとり始め、自立を目指そうとするのが健全なありかた。その点だけ取り上げても、子どもがいつまでも親の思い通りになるとは考えてはいけない。その上、一つ屋根の下で多くの時間を共有していれば、小さな価値観の不一致も目立つことでしょう。「親子なのに優しくできない」といいますが、親子「だからこそ」優しくなれない理由は、これほどに揃っています。


また、親が子どもに対して感じる苛立ちの一因には、自分と子どもを比較している側面もありそうです。

「自分だったらこんなの簡単なのに、なぜこの子はできないのか」「私ならもっと早くこの片付けを終えているのに、なぜ手をつけていないのか」

こうした思いは、潜在的に「もし自分なら」という視点から他人を見ていることに起因しています。その最たるものが、親から子への目線なのでしょう。子どもは親の分身のように感じられて「自分は自分、他人は他人」と割り切るのが難しいのです。しかし、どんなに愛おしい子どもでも、独立した人格を持ち、尊重されるべき「他人」

です。親が愛情深いからといって、親が願うとおりの人生を子どもが選ぶとは、限りません。

むしろ、反抗期は子どもの自我が成長してきたサインだとして、祝ってもいいぐらいです。子どもはすでに、親離れを始めています。それを親が引き止めてはいけません。親も子離れの準備を進めなくては。

まずは「自分は自分、子どもは子ども」として割り切る習慣をつけることが、大切でしょう。部屋が散らかっていても、宿題をさぼっていても、早起きができなくても、一度注意して聞かなければ放っておくことです。それで子どもが苦労するなら、苦労させればいいのです。

親が先回りして、苦労を排除する必要はありません。子どもが本当に困ったときや、自分から助けを求めてきたときは「手を差し伸べる」、しかしそれ以外では、成長しつつある子どもを信頼して「手を離す」ことです。

そのためには「見返り」を求めないことも、大切です。

人は無意識のうちに、自分がしたことに対する見返りを求めがちです。「こんなに愛情をかけているのに、子どもは思い通りにならない」という思いがあると、自分が期待していた見返りがないとき、不満を覚えるのです。

しかし、子育てに見返りなどあるのでしょうか。あなたが望んでいるのはただ、子どもの幸せ。そうではありませんか。もちろん、親として味わえる幸せにも素晴らしいものがありますが、親離れ、子離れの準備も、進めないといけません。

「無功徳《むくどく》」という禅語があります。

中国の梁《りょう》という国に、武帝という皇帝がいました。信仰深かった武帝は、多くのお寺を建立し、仏教の発展に力を尽くしました。ある日、武帝は中国の禅僧の開祖とされる達磨《だるま》大師に、これだけのことをした自分にはどんなご利益があるのかと尋ねました。そこで達磨大師が答えたのが「無功徳」。つまり、なんのご利益もない、というのです。**このように禅は、見返りがないのが基本であり、見返りを求めた時点で善行とはいえないのです。**

いつかは親離れ、子離れの日がくるのです、子育てとは、無功徳なもの。そのぐらいに考えておくのが、親の心の平穏のためには、ちょうどいいのかもしれません。

禅思考

親子でも優しくできないときがあるのは当たり前。見返りを求めて嫌になる前に、反抗期という成長を祝い、子どもから手を離す準備を。

お悩み

育児より仕事が大事な私はおかしいですか

自分で会社を経営していることもあり、「育児より仕事」が大事です。ベビーシッターを雇い、子どもの世話を任せていると、「親が子どもの世話をしないなんて」と、ママ友、パパ友から白い目で見られます。確かに、他の親に比べたら愛がないのかもしれません…。正直なところ、子どもと遊んでいても楽しくありません。

世間が決めた「良い親」像に、あなたが合わせる必要はありません。ありのままの自分にできるやり方で、親になることです。

育児において、「愛情」は、どのような意味を持つのでしょうか。

例えば、子どもの虐待のニュースを見ていると「子どもを産んでも、愛情が自然に湧くわけではない」といった声を耳にすることがあります。また「母親だから愛情を持つのが当然だ」とされるなかで、愛情を持てない自分について相談できる相手もおらず、一人自分を責め続けている人もいます。「子どものせいで、キャリアを断念するしかなかった」という人もいます。

私が思うのは、「子どもを愛したい、けれども愛せない」という気持ちが根強くあるのなら、それはありのままの自分として、受け入れるほかないものだということです。私たちにはそれぞれの人間性や価値観があり、それぞれに違った「親」としての姿があります。「みんながこうでなければならない」ということはないのです。

同時に「それでも親としてやらなければならないことがあり、できることがある」という認識があれば十分なのだと思います。100人いれば100通りの「親」像があり、それぞれのやり方で、子どもの成長を支えればいい。経済力に恵まれているなら、ベビーシッターを雇って自分のストレスを減らすのも、親としての責任を立派に果たしているといえます。

社会的な「良い親」像と異なるからといって自分を責めず、自分にできる部分を見つけて、精一杯やればいいのです。

それは「良い親」像だけではありません。

私たちはつい「良い上司」「良い夫」「良い妻」「良い大人」といった、社会的な役割像と自分を比較し、自分は良い・悪いと評価してしまいます。

しかし、そうした比較を強く戒めているのが、禅なのです。比較を始めた途端に、

「それにひきかえ自分は…」と、嫉妬、劣等感、恨み、怒り、憎しみといったネガティブな想念が生じるからです。

禅が説くのは 比較をやめて、自分以上でも自分以下でもない「ありのままの自分」としての生き方です。結局のところ「良い親」は幻想にすぎず、それに100％あてはまる人などいないのです。

そういえば、僧侶にも「良いお坊さん」像がありませんか。いつも穏やかで知恵を授けてくれて、欲のない人間というイメージです。ところが「名僧」といわれ、多くの人に尊敬される僧侶のなかには、めちゃくちゃな生活をした「破戒僧」が少なくありません。何を申し上げたいかというと、良い親も名僧も、イメージと実態とはかけ離れているということ。あなたはただ、自分なりの方法で、親としてなすべきことをなせばいいのです。

禅思考

世間が語る「良い親」像に実体はありません。あなたはただ、あなたのやり方で「親」になればいいのです。

お悩み

親にもう死んでほしいと思う瞬間があります

親を在宅介護していますが、認知症の兆候もあり、一人では支え切れなくなってきました。「親にはできる限りのことをしてあげたい」と思っていますが、「いつまでこの日々が続くんだろう」「早く死んでくれないかな」という思いがよぎることも。精神的にも肉体的にも疲れ果てました。

介護問題。言葉にするのもつらい現実が、そこにはあります。

負担の重さは、誰の目にも明らかです。これから成長していく子どもの世話なら「この苦労もいずれは終わる」と希望が持てるかもしれません。しかし、回復が見込めない病気を抱えた家族を看病するときは、その希望が持てないのです。それこそ、親が認知症となれば、かつての面影が失われ、ときには暴言、暴力まで振るわれることもある。愛情だけで乗り切れるものではないと思います。

私からお伝えしたいのは、後ろめたい思いを抱いてしまう自分を責める必要はないということ。ひどい言葉を口にして平気な顔をしている人ならいざしらず、**自分の言葉を後悔しているのは、あなたの心根が優しいからです。**

にもかかわらず、精神的にも肉体的にも極度に疲労し、「早く死んでくれ」と願うまで追い詰められているとしたら、必要なのは「反省」でも「検証」でもありません。第三者による、具体的なサポートです。もう一人で介護を抱え込んではいけません。

親の介護を施設などに頼る決断は、簡単ではないかもしれません。「できるだけ自宅にいたい、子どもに頼りたい」という親は多いですし、その願いを叶えるために努力する家族も多いのです。また、周囲から「施設に入れるのはかわいそう」と責められて、家族が罪悪感を持ってしまうこともあります。もちろん、サポートを使わずに自力で介護できたなら一番いいのだと思います。しかし、介護にあたるあなたが限界を超えれば、愛情が憎しみに変わることもありますし、その歪みは親子の「共倒れ」という最悪のかたちで現れるでしょう。

そうなる前に、要介護者が数日間入所できるショートステイや、1日だけ預かってくれるデイサービスなどのサポートを受けることが、結果的に良い介護につながるのだと私は思います。サポートの活用は、要介護者のためのみならず、介護を担う家族のためでもあるのです。あなたが「できる限りのことをしてあげたい」と願うなら、プロの手を借りることも選択肢に加えてください。

そもそも、介護保険の制度は、介護にあたる家族を孤立させず、社会全体で介護を行うために生まれた制度のはず。それを利用するのに躊躇する必要はまったくありません。まずは、週に数回でも介護サービスを利用し、あなた自身の時間を持つことをおすすめします。これは決して「サボり」ではなく、長期戦である介護をやり切るための戦略なのです。

「だったら、老人ホームに入居してもらうのが一番いいじゃないか。プロに全部任せればいいじゃないか」という考え方もありますが、私はそれは早計だと思います。理想は、サポートを受けながら要介護者と家族が同居する、あるいは一緒に食事をする、散歩に出かけるなどの行き来がしやすい場所に住むことではないでしょうか。

なぜか。一つは家族の「後悔しない介護」のためです。コロナ禍においては、感染予防のため面会が制限され、「老人ホームに入居する親と面会できず、テレビ電話越しに話すことしかできなかった」と訴えるご家族が多くいました。なかには、面会できないままお亡くなりになったケースもあり、気の毒でなりません。納得のいく見送りができなくては、残された家族も気持ちの整理がつきません。

一方で、「介護が大変だったが、ちゃんと親を看取れた。満足して見送れた」「親孝行ができて、本当によかった」と語るご家族をしばしば目にするのも事実です。私が実際にお会いしてお話をうかがった範囲でも、サポートを受けつつも自分で介護にあたった方は、どこか晴れ晴れとしているのです。「家族として、やるだけのことはやった」という納得感が持てるからでしょう。

もう一つは介護される本人のためです。これもよく聞く話として「施設に入れた途端に親の認知症が進行した」というものがあります。老人ホームでは、食事も入浴もお任せで、要介護者にとっては快適そのもの。しかし、その快適さが、自分で考え行動する機会を減らしてしまうのかもしれません。健康長寿の秘訣は「自分にできることは自分でやる」ことだといわれますが、そのとおりなのです。

こうした事態を防ぐには、家族が交流を続け、要介護者に暮らしの「張り合い」を持たせてあげることだと思います。サポートを受けるようになって負担が軽くなり、親を大切に思う気持ちも回復した、という声も聞きます。

「親にはできる限りのことをしてあげたい」というあなたの気持ちを尊重しながら、もっと楽に、そして要介護者のためになる介護のかたちを探していきましょう。

禅思考

あなたの性格が悪いのではなく、あなたへのサポートが足りていないのです。介護はこれからも続きます。自分を追い詰めず、「後悔しない介護」を。

お悩み

すぐ他人を妬んでしまいます

すぐに他人を妬んでしまうのをやめたいです。努力しない自分を棚にあげて、「あいつなんて、大したことないよ」と相手の欠点を探ったりして、ますます自己嫌悪に陥ります。

妬み、嫉み、憎しみ、怒り。こうしたネガティブな想念が私たちの心に巣食うときがあります。

妬みは、もとをたどれば、「あいつ、いいなぁ」といった憧れの気持ちからきているのかもしれません。仕事ができる、お金がある、大きな家に住んでいる、高価な車を運転している。だから「いいなぁ」となるのですが、続けて「それにひきかえ自分は…」と考え始めると、憧れが妬みに変わり、卑屈な気分になります。

憧れの気持ちは、誰にでもある自然な感情だと思います。しかし、それが妬みに変わると泥沼にはまるのが常。さらに、自分を憐れんだり「努力しても敵わない」と諦めたりしていると、泥沼から抜け出せません。相手の足をひっぱるようなことを画策し始めると、いよいよ末期です。

ここでも禅は、ネガティブな想念をポジティブなエネルギーに変えるよう説きます。大切なのは「なんであいつだけ、いい仕事に恵まれるんだ」「なんであいつばかり、お金が儲かるんだ」と妬むのではなく、「あの人は仕事ができるな」「あの人はお金持ちだな」とすっと受け流してしまうこと。さらに肝心なのは、その後に「あいつにできるなら、自分にもできないはずがない」と自分を奮い立たせること。**妬みの一つ先、「励み」に進むのです。**妬みを励みとし、具体的な行動へと踏み出せば、成長が始まります。そうして、妬ましい誰かとの距離を縮めていけばいいのです。

妬みを励みに変えるスイッチは「おめでとう、自分も頑張るよ」です。誰かが素晴らしい成果を上げるのを見たら、そう口に出しましょう。人間は基本的に「怠けたい」生き物です。その怠け心を矯正するには、こうした口癖や行動習慣によって自分を箍《たが》にはめないといけません。

妬みの対象から目をそらさないこともポイントです。**相手を良きライバルとして認定し、向上心に変えるのです。**

それに、妬みの対象をしっかり観察することで自分の生きる道が見えてくることがよくあります。妬みが生じるのは、同じ会社で同じような仕事をしている、年齢や育ちが非常に近いなど、自分との間に共通点が多い相手だけ。そこには「自分もああなりたい（なれそうなのに、なれない）」という気持ちがしばしば隠れています。そのエネルギーを、陰口をたたいたり足をひっぱったりと、人を陥れる方向に費やすのは無駄遣いというもの。あなたの人生は、あなたが主人公なのです。他人の人生をどうこうするより、自分の人生をどうするかを考えたほうがよいでしょう。

ただし、繰り返しになりますが、禅は最終的に「自分は自分、他人は他人」で、比較するものではないと説くものでもあります。なぜなら、ネガティブな想念はすべて比較から生まれるからです。自分より仕事ができる人、お金持ちな人、美しい人を見て、「それにひきかえ自分は…」を始めると、自己卑下、自己否定の気持ちが生じて、そのきっかけをつくった相手を憎み、蹴落としたくもなるのです。

これを避けるには、比較をやめ、自分以上でも自分以下でもない「ありのまま」の自分を生きるほかないのです。

お手本は自然界にあります。猫や犬などの動物には、妬むという感情はありません。彼らは、寝たいときに寝て、食べたいときに食べて、動きたいときに動いている。他人と比較することなく、「絶対の生」を生きているではないですか。

とはいえ、人間は考えないではいられない生き物です。今さら比較することをやめられないかもしれません。そうだとしても、せめて比較を善用しましょう。ありのままの自分を生きるとは「なんの努力も成長もいらない」という意味ではありません。努力や成長につながらない比較をやめなさいということです。

どうせ比較するなら、自分と他人ではなく、今の自分と過去の自分でしょう。

「仕事に慣れてきて、緊張感が薄れてきてるんじゃないか?」「『将来は○○になりたい』と言いながら今やるべきことをさぼっているんじゃないか?」。そんなふうに、他人の目ではなく、自分の目で、自分の足元を見つめ直すことです。すると、ありのままの自分に磨きがかかります。

「脚下照顧《きゃっかしょうこ》」という禅語があります。「履物を揃えなさい」の意味でもよく使われますが、自分の足元が見えないと、この先の人生はおぼつかないぞと、警鐘を鳴らす言葉でもあるのです。妬みに身を焦がすのも、妬みで他人を傷つけるのも人間だけ。しかし、**妬みを自分を成長させる力として善用できるのも、人間だけなのです。**

禅思考

自分と他人を比較して苦しむ生き物は人間だけ。しかし、そこで生まれた「妬み」を善用できるのも、また人間だけです。

第4章

罪悪感をはらう禅の言葉

八風吹不動《はっぷうふけどもどうぜず》——どんな風にも動じない

仏教では、人の心を揺さぶる状況を風に例えて「八風」といいます。

具体的には、利（成功すること）、誉（褒められること）、称（称えられること）、楽（楽しいこと）という四つのいい風と、衰（衰えること）、毀（そしられること）、譏（中傷されること）、苦（苦しいこと）という四つの悪い風です。

こうした風に、私たちは惑わされてはいけない。「八風吹不動」とは、そのような意味です。ここでの「不動」とは、八つの風に心をかき乱されることなく、静かに自分の中心を保つことを意味します。

罪悪感も、私たちの心を揺るがす風の一つに数えられるでしょう。

何か悪いことをしてしまった、誰かを傷つけてしまった、自分の行動が正しくなかったのではないか…。こういった思いは、私たち人間にとってごく自然なものです。もし罪悪感を完全になくそうとしたり、罪悪感を感じていないふりをすると、かえって罪悪感を引きずり、心が疲弊し、前に進めなくなります。

それよりは、罪悪感をしっかり受け止めながら、今後どうすればいいのかを熟考し、動き始めるのがいい。それができれば、罪悪感にいつまでも心がとらわれることはありません。「ああ、自分は今こんな理由で後ろめたさを感じているんだな」と淡々と受け止めて、その風を自分を成長させる助けとしましょう。

一見、頑丈そうなコンクリートの柱は、その実、衝撃を受け流すことができず、脆いもの。しかし竹は強風で大きくたわんでも、すぐに元通り。折れない心とは、そのようなものです。風に揺られても、すぐにニュートラルな位置に戻ること。あるいは、心の揺れの幅を小さく、揺れている時間を短くするよう、心がけることです。

万法帰一《ばんぽういちにきす》

――その苦しみにも終わりがある

この世のあらゆることは、たった一つの真理に戻っていきます。言い換えると、何事も永遠には続かないということでもあります。

苦しみも、悲しみも、後悔も、あるいは、幸福も、快楽も、一生続きはしません。この世は無常のものであり、一切は移り変わるのです。

今という時間を一生懸命に生きていれば、必ず状況は変わります。「禍福は糾《あざな》える縄のごとし」ともいいます。不幸せの後には幸せが、別れの後には出会いが待っているのが、この世の真実です。

幸福であるときは、この幸福がいつまでも続くよう願うはず。しかし、その願いが叶うことは決してありません。そうであるならば、あなたを今とらえている苦しみにも、必ず終わりがやってくる。それを信じることです。

洗《せん》心《しん》——一日一度、心を洗う

洗心とは、心を覆っている汚れを洗い流すことです。これを洗い流すことで、妄想、執着、不安、怒り、妬みといった負の感情から解き放たれるとするのが、禅の基本的な考え方です。

人間は皆、仏様と同じ、汚れのない心（仏性）を持って生まれてきます。それが汚れで見えなくなると、心から輝きが失われ、人は苦しくなるのです。残念ながら、生きている限り、心の汚れはたまり続けるでしょう。

仏の心を、罪悪感で曇らせたままにしては、いけない。過去は変えられませんが、過去から学ぶことと、過去を引きずって生きることは、違うのです。

ですから、毎日「心を洗う」ことが必要なのです。

私は、日頃の坐禅が「洗心」の機会です。一人静かに座り、丹田呼吸を繰り返していると、雑念や煩悩がはらわれていくのを感じます。さわやかな朝の坐禅は一日を健やかに過ごすために、夜の坐禅は安眠のために、おすすめです。

とはいえ、どんなやり方でも構わないと思います。カラオケで大きな声を出すのもいいでしょう。あるいは、大好きな映画を観て涙を流す。スポーツをして汗をかく。友人と思い切り笑う。大切な人に感謝の気持ちを伝える。どれも、素晴らしい洗心の機会です。

一日一度は、あなたの心が「気持ちいい」と感じることをしてください。

「少水常流《しょうすいのつねにながれて》　如穿石《いしをうがつがごとし》」という言葉があります。小さな一滴の水でも、毎日流れ続ければ固い石に穴を開けることができるのです。同じように、毎日の洗心が、あなたの心を清々しいものに変えるでしょう。

主人公《しゅじんこう》——本当の自分は、何を望んでいるのか

仏性とは「本来の自己」と言い換えることもできます。生まれたそのままの姿をしている心は、一切の迷いやとらわれがなく、無限の可能性に満ちています。

禅では、それを「主人公」ともいいます。これは、ドラマや映画で用いる「主人公」とは意味が違い、本来の自己が望むように生きることを指します。

言葉でいうほど、簡単なことではありません。なぜなら、私たちは他人と自分を比べたり、他人にどう思われるかを気にしたり、過去や未来に心を向けたりしてばかり。そうして、本来必要のない心配事や不安を、自分でつくりだしています。これでは、本来の自己がどう生きたいと願っているのか、わからなくなってしまいます。

本来の自己を見失わないよう、ある高僧は自分に「主人公」と問いかけて「はい」と答え、「目を覚ましているか?」と尋ねて「はい」と答えることを繰り返しました。

また、アップル創業者のスティーブ・ジョブズも、若い頃に禅の精神を学び、それからは鏡の前で毎朝「今日やるべきことは何だ。それは本当に自分が望んでいることか」

と自問自答したそうです。

罪悪感とは、本来の自己からの「こんな生き方は、望んでいない」という声かもしれません。ならば、何を望むのか。あなたの心の声に、耳を傾けてください。

喝《かつ》
――割り切れない思いを吹き飛ばす気合

私はときおり「よし！」「やるぞ！」などと、大きな声を出すことがあります。「疲れたな」「気持ちが乗らないな」というとき、自分に喝を入れるためです。すると、頭のモヤモヤが吹き飛んで、スッキリするのです。率直に申し上げて、大声を出すことは気持ちがいい。それは、お経をあげていても感じることです。

中国の唐の時代にも、こんな故事があります。

禅僧の百丈懐海《ひゃくじょうえかい》は、あるとき師匠である馬祖道一《ばそどういつ》老師から一喝され、3日間、耳が聞こえなくなりました。ところが、これをきっかけに懐海は迷いから抜けて、悟りを開いたのです。師匠の一喝が、迷いの霧を晴らしたのです。

また「臨済の喝、徳山の棒」という禅語があります。臨済も徳山も、唐の禅僧のこと。臨済は「喝」という一言で、徳山は棒（警策《きょうさく》）で打つことで、弟子を指導しました。世の真理は言葉で言い表せるものではないのに、人はどうしても言葉で考えてしまいます。そのために、頭のなかは迷いの渦のようになり、そこから抜け出せなくなります。そんなとき、禅僧は「喝」と大声を出し、あるいは棒で打ち、「迷いを断ち切れ」と教えるのです。

「また、グズグズと同じことを考えている」「また、過去のことを悔やんでいる」そう思ったら、自分で自分を一喝しましょう。私のように「よし！」「やるぞ！」でもいいですし、両手を「パン！」と打つだけでもいい。罪悪感のなかで溺れそうな自分を、「今、この瞬間」に連れ戻すのです。

無《む》一物《いちもつ》中《ちゅう》無《む》尽《じん》蔵《ぞう》——あなたは何も失ってはいない

あなたは、すでに多くのものを失ったのかもしれません。愛情や、友情、信頼、健康、財産、時間。いずれも、失って初めてその価値がわかるものばかり。そのなかには、取り戻せるものもあれば、二度と戻ってこないものも、あるはずです。

「自分には何もない」そう思ってしまうかもしれない。

しかし、あなたは何も失ってはいないのです。

私たちはそもそも何も持たずに、つまり「無一物」でこの世に生まれてきたことを忘れてはいけません。そして死ぬときも同じです。生きているうちに手に入れたすべてを置いて「無一物」であの世に旅立つのが定め。そう思えば、何を失おうと本来の自分に戻るだけだと、割り切れるのではないでしょうか。

さらに「無一物」であるところには「無尽蔵」、つまりすべての可能性が秘められていると禅は説きます。すべてを手放したからこそ、あらゆる可能性が開かれるのです。すべてを失うということは、これからすべてを手に入れられる、これから何者にでもなれるということ。そんなふうに心を切り替えましょう。

身《しん》心《じん》一《いち》如《にょ》
——心と身体の不一致が後ろめたさを生む

身心一如というのは、身体と心は一体である、という意味です。

これは、直感的にも「確かにそのとおりだ」と思えるものです。心にストレスがたまると体調不良が表れますし、逆に体調が良いと気分も良くなり、やる気が出たりします。心と身体をわけて考えることは、できません。

ところが、私たちはときおり、心の動きと身体の動きをわけてしまうことがあります。

自分が悪いと気づいているのに、謝れない。

「やらなきゃ」と思っているのに、先延ばし。

そんなときに、私たちは後ろめたさを感じるようです。あるいは「体は元気なのに、心が疲れている」とか、「心は踊っているのに、体が動かない」というように、心身の調和を崩してしまいます。悪いと思ったら、その場で「ごめんなさい」と謝りましょう。やるべきことがあれば、その場で手をつけましょう。身体と心をバラバラにしないことが、健やかに生きる秘訣です。

柔《にゅう》軟《なん》心《しん》――罪悪感を糧にできるのは柔らかな心

罪悪感を抱えた人の心は、固くこわばっています。迷惑をかけてしまった。自分のせいで、誰かを傷つけてしまった。また失敗するに決まっている。そんな自分は、もう幸せになる資格もない。

そこにあるのは「〇〇でないといけない」「〇〇すべきだ」という、思い込みです。よくいえば、それは人生を歩むのに欠かせない信念や価値観なのかもしれません。しかし、あまりにそれに縛られると窮屈な生き方しかできません。そのままでは「罪悪感を糧にする」のも難しいでしょう。

騙されたと思って、力を抜いて「どうにかなるさ」とつぶやいてください。きっと、「どうにかなる」のです。あなたを縛り付けているのは、ほかでもない、あなた自身の心なのですから。あなた次第で自由になれるはずです。

そうして心が柔らかくなると、「さて、どうしようか」とこれからのことを考える余裕が生まれます。視野が広がり、物事を別の角度から眺めることができるようにもなるでしょう。

「前は失敗したけど、今度はこうしてみよう」

「きっと、うまくいくはずだ」

物事を360度どこからでも眺められる柔軟心があれば、きっと突破口は見つかります。それは言い換えれば、ゆとりのある心のこと。ここでも呼吸は大切です。姿勢を整え、呼吸を整えれば、心も柔らかさを取り戻します。

無常迅速《むじょうじんそく》──限りある時間で何をするか

禅寺では、修行僧に物事の始まりを知らせるために、木板を木槌で打ち鳴らします。その木板には「無常迅速」という禅語が書かれています。

この言葉は、時間の流れの速さと、その無常である様を示しています。

時は刻々と過ぎ去っていきます。過去の過ちにとらわれようものなら、多くの時間を無駄にしてしまい、取り戻すことはできません。それは、こぼれた水を手のひらでかき集めるような、徒労にすぎないのです。

何より、私たちに与えられた時間は限られています。そうであるならば、どう生きるか。過去にとらわれず、未来を恐れず、「今、この瞬間」を大切に生きるのみです。

過去の過ちにとらわれていると、現在を生きる力が削がれてしまいます。例えば、ある日、友人との約束を忘れてしまい、その結果、友人が深く傷ついたとします。その後悔と罪悪感は、その後の関係に影を落とすかもしれません。しかし、それよりも重要なのはその後の行動です。過ちを認め、真摯に謝罪し、次に同じ過ちを繰り返さないように努めることです。今を大切にするとは、そういうことです。

滴《てき》水《すい》滴《てき》凍《とう》

――そのとき、その場所で、罪悪感と向き合う

罪悪感を抱くのは、仕方がない。しかし、罪悪感を「ためこむ」ことがないようにしたいものです。

「しまった」と思ったら、その瞬間に解決してしまいましょう。感情にまかせてきつい言葉を口にしてしまったら、すぐに謝る。逆に、自分が傷つけられたときもその場

で意思表示をする。それを後回しにしたり、我慢したりするから、気持ちがこじれていくのです。謝るには、最良のタイミングというものがあります。「すぐ」です。それを逃さなければ、あまり感情的にならず、伝えるべきことを伝えられるでしょう。

「滴水滴凍」という禅語は、寒い冬の日に、したたり落ちる水滴がただちに凍っていく様を示しています。本来の意味は、一滴の水がすぐ凍結するように精進し続けなさい、ということです。

しかし、もしもそれが一滴ではなかったとしたらどうなるでしょう。一晩置くだけで器いっぱいの水がたまっているかもしれません。それを凍らせるには一瞬というわけにはいきません。「きっと何倍、何十倍もの時間がかかるだろう」と思うと、また腰が重くなります。感情をためこんで、いいことは何もありません。

他不是吾《たこれわれにあらず》

その状況を変えられるのは「私」だけ

私たちはしばしば「誰かがやってくれるだろう」と思いがちです。禅の教えは、そうした甘さを厳しく戒めます。

道元禅師が中国にわたったときの逸話です。

炎天下でしいたけを干している年老いた典座《てんぞ》を見かけた道元禅師は「なぜ若い僧にやらせないのか」と尋ねました。すると、返ってきた言葉が「他不是吾」。他人は自分ではない、自分でやらなければ修行にならない、というのです。

まさしく、そのとおりです。誰もあなたになることはできません。同様に、あなたも他の誰かになることはできません。あなたの心にある罪悪感を解決できるのも、あなたをおいて、他にはいないのです。

この事実は、ときに孤独を感じさせるかもしれません。しかし、見方を変えれば、それは自由の証でもあります。あなたの人生は、あなただけのもの。そう思えば、誰かの救いの手を待っている暇など、なくなります。あれこれ頭を悩ませるのは後回しにして、川の流れのように淡々と、しかし確実に前に進んでいくことです。

日々是好日《にちにちこれこうにち》

――主人公ならば、どんな日も「いい日」にできる

今日という一日を、過去にとらわれて生きるのか、過去を糧に「いい日」にしようと精一杯生きるのか。それは、あなた次第です。

それどころか、たとえ病に侵されて死が迫っているのだとしても、今日をいい日にすることはできる。「日々是好日」とは、そのような意味の禅語です。

私たちは、つい自分が「主人公」であることを忘れ、他人に環境に、振り回されているかのように思い込んでしまいます。晴れの日は「天気がいい」、雨がふれば「天気が悪い」と、簡単にいい・悪いと決めつけてしまう。

禅が考える主人公の生き方は、そうではないのです。何事も自分の思い通りにはいかない。しかし、それを嘆くのではなく、晴れの日には晴れの良さを味わい、雨の日には雨ならではの過ごし方を満喫する。そのように、その日その瞬間にしか得られない大切なことに目を向け、生きている意味を感じることこそが、大切です。

あとがき

過剰なほどの情報化社会のなかで、私たちは数十年前とは比較にならない量の情報と、人間関係に囲まれています。自分の行動や言動が他人にどんな影響を与えているのかを過剰に気にするようになったのも、そのためではないでしょうか。その結果、ささいなことでも自分を責め、罪悪感に苛まれてしまう、ということもありそうです。

禅の教えは、こうした感情を否定することなく、むしろ受け入れ、罪悪感のなかに成長のヒントを見出すよう、提案するものです。

これまで繰り返し述べたように、禅の基本的な姿勢は「今、この瞬間」を精一杯生きることです。言い方をかえると、罪悪感が私たちの人生に暗い影を落とすのは、罪悪感が「今、この瞬間」を精一杯生きることを邪魔するからでしょう。

それならば、過去にとらわれたあなたの心を再び「今、この瞬間」に引き戻すことです。本書で紹介したように、まずは丹田呼吸をするのがいいですし、「一行三昧」で黙々と掃除をするのも、月を見上げるのもいい。そうして、罪悪感で消耗していた頭と心を休めた上で、「今」あなたがなすべきことをなしてください。

「罪悪感を手放す」とは、罪悪感を見ないふりをすることでも、すっかり忘れてしまうことでもないのです。罪悪感を背負ったまま、前向きに生きていくという考え方が大切です。それができると、「この経験は、無駄ではなかった」と思えるだけの心の余裕が生じ、罪悪感も薄れていきます。

あなたの幸福と健やかな日々を願っています。

合掌

枡野俊明

著者略歴

枡野 俊明（ますの・しゅんみょう）

1953年、神奈川県生まれ。曹洞宗徳雄山建功寺住職、庭園デザイナー、多摩美術大学名誉教授。

大学卒業後、大本山總持寺で修行。禅の思想と日本の伝統文化に根ざした「禅の庭」の創作活動を行い、国内外から高い評価を得る。芸術選奨文部大臣新人賞を庭園デザイナーとして初受賞。ドイツ連邦共和国功労勲章功労十字小綬章を受章。また、2006年「ニューズウィーク」誌日本版にて「世界が尊敬する日本人100人」にも選出される。近年は執筆や講演活動も積極的に行う。

主な著書に、『心配事の9割は起こらない』『仕事も人間関係もうまくいく 放っておく力』などベストセラー・ロングセラーが多数ある。

罪悪感の手放し方

「自分を責める」を生きる力に変える禅思考

2024年10月10日　初版第1刷発行

著　者――枡野 俊明

発行者――張 士洛

発行所――日本能率協会マネジメントセンター

〒103-6009　東京都中央区日本橋2-7-1　東京日本橋タワー

TEL 03(6362)4339(編集)／03(6362)4558(販売)

FAX 03(3272)8127(編集・販売)

https://www.jmam.co.jp/

装丁・本文デザイン―小口翔平＋畑中茜＋村上佑佳（tobufune）

カバーイラスト――田中 海帆

編集協力――東 雄介

本文DTP――株式会社森の印刷屋

印刷所――三松堂株式会社

製本所――三松堂株式会社

ISBN 978-4-8005-9265-1　C0011

落丁・乱丁はおとりかえします。

PRINTED IN JAPAN